LOCUS

LOCUS

from

vision

from 25　企業的性格與命運
The Corporation
作者： 巴肯 (Joel Bakan)
譯者：李明
責任編輯：湯皓全
美術編輯：謝富智
法律顧問：全理法律事務所董安丹律師
出版者：大塊文化出版股份有限公司
台北市 105 南京東路四段 25 號 11 樓
www.locuspublishing.com
讀者服務專線： 0800-006689
TEL ：(02) 87123898　FAX ：(02) 87123897
郵撥帳號： 18955675　戶名：大塊文化出版股份有限公司

總經銷：大和書報圖書股份有限公司　地址：台北縣五股工業區五工五路二號
TEL ：(02) 89902588 (代表號)　FAX ：(02)22901658
排版：天翼電腦排版印刷有限公司　製版：源耕印刷事業有限公司
初版一刷： 2004 年 12 月

定價：新台幣 280 元
Printed in Taiwan

The Corporation

企業的性格與命運

Joel Bakan 著
李明 譯

目錄

序言

眼看著電視畫面中不斷出現因東窗事發而被帶上手銬的公司主管，學者專家、政治人物與企業領袖紛紛發言，請大家放心，因爲華爾街醜聞該歸咎於少數貪婪腐敗的個人，無關乎整個制度。山姆・唐納森（Sam Donaldson）最近在美國廣播公司（ABC）《這一週》（*This Week*）節目中，質問紐約證券交易所前主管理查・格拉索（Richard Grasso）說：「我們面對的究竟只是少數的爛蘋果，還是制度本身出了漏洞？」格拉索解釋說：「山姆，我們的確碰到一些重大弊案，那些壞人和不法行徑必須徹底根絕；當然，不管出問題的公司是一家還是十五家，都只占一萬多家公開交易公司的九牛一毛——不過只要有一家，只要有一家世界公司（WorldCom）或一家安隆（Enron），就已經夠受了。」

雖然有這樣的信心喊話，但目前社會大衆——甚至不少企業領導人——卻擔心，公司（或企業）制度的積弊深重，絕非僅止於幾宗華爾街醜聞所引發的震撼而已。本書的焦點就放在這些更值得我們關心的議題上。

關鍵的前題是，公司（或企業，corporation）是一個機構（institution）——有其獨特的結構以及一組指導內部人員行事的法則。公司也是一個法定機構，它的生存與營運權力都根據法律而來。公司法定的使命是全心全意、毫無例外地追求本身的利益，就算常常可能對他人造成損害也在所不惜。因此我認爲，公司是一種病態的機構，它所擁有的龐大權力一旦操弄起來，可能危害人民與社會。我在接下來的幾章將討論由此產生的一些問題：公司是如何演變成今天的模樣（第一章）？公司病態特性的本質及意義爲何（第二、三章）？公司對社會所具有之影響力的本質及意義爲何（第四、五章）？要消除公司可能導致的傷害，可以採取的對策又是什麼（第六章）？這些核心的問題正是本書重點所在。我揭露所有公司共通的機構性本質及其對社會的意義，希望藉以塡補某些遭到忽略的環節，有助於一般人理解並解決這些當代最迫切的課題。

全球最知名的管理學大師彼得．杜拉克（Peter Drucker），率先由機構的角度來分析公司本質，他出版於一九四六年的《公司的概念》（*Concept of Corporation*）一書具有先驅性的意義。杜拉克指出，所有公司都有相同的機構性秩序與目的，這具有重大意義。不過對我們大多數人而言，往往因公司營運的日常瑣事而模糊了較寬廣的視野。正如輝瑞（Pfizer）執行長漢克・麥金涅（Hank McKinnell）所說，我們很難把公司想成是一家機構。因爲我們對公司的理解，往往著眼於它們的差異——國際 vs 本土、高科技 vs 傳統重工業、先進 vs 落伍、有趣 vs 枯燥、藍籌 vs 投機、有品牌 vs 無品牌、好 vs 壞——而忽略了一個事實：所有公司，至少所有公開交易公司，具有共通的組織結構，因此可以一體視之。資深的哈佛商學院學者喬伊・巴達拉可（Joe Badaracco）曾提過他被問及「公司是什麼？」這樣簡單問題時的反應：「說也奇怪，我在商學院教了那麼久，還沒有人這麼直截了當問我對於公司是什麼的想法。」①

本書的宗旨在於探索公司作爲一個機構，其眞正的性質爲何。機構當然是由人所組成，而以下的內容大都根據第一手的訪談資料，對象包括身處公司內部的人士、相關學者專家、曾對公司的危害提出警告與因應之道的評論者②。至於本書寫作風格，我儘量避免過度學術性與專業性的用語，目標是讓一般讀者與專業人士均可閱讀，但同時兼顧立論的嚴謹以及我身為法律學者所擁有的相關知識與見解。本書以「公司」一詞代表英、美的大型公開交易公司，用以與小型公司企業，或是各種小型與大型非營利機構或未公開交易企業作一區分。我之所以聚焦於英、美的公司，是因為全球最大也最有力量的公司總部都在美國，而經濟全球化又使它們的影響力伸展到國境之外。英、美模式中的元素在其他國家的公司也愈來愈明顯，尤其是歐陸各國與日本③。基於這些理由，本書提出的分析與論點對英、美以外地區也有重要的參考價值。

1 由崛起到稱霸

過去一百五十年來，公司由最先不起眼的角色，逐漸崛起爲全世界主導性的經濟機構。今天，公司主宰了我們的生活，決定我們吃什麼、看什麼、穿什麼、做什麼、在哪裡工作。我們無所遁逃於公司的文化、影像與意識形態間。就像過去的教會與專制王朝，今日的公司也以全知全能、無所不在之姿出現，以宏偉的建築與精巧的展示來榮耀自己。原本擔任監督者的政府，卻在決策上日益受到公司的操控；而一度屬於公共性質的某些社會領域，也同樣難逃公司的控制。公司從戲劇性的崛起到稱霸，堪稱現代史的重大事件，而早從公司萌芽階段即可看出端倪。

遠在安隆案爆發的多年之前，剛具雛形的公司已是貪污與弊案不斷。十七世紀末到十八世紀初，股票經紀人穿梭於倫敦的「交易弄」（Exchange Alley）——介於倫巴街（Lombard Street）、康希（Cornhill）與柏欽巷（Birchin Lane）之間錯綜複雜的巷弄——尋找容易上鉤的投資人，向他們推銷空頭公司的股票。這些公司常透過投機炒作，出現曇花一現的榮景，然後很快倒閉。一六九〇到一六九五年間，計有九十三家這樣的公司成爲交易標的，到了一六九八年，只剩下二十家。一六九六年，英格蘭主管交易的委員們指出，由於以虛構捏造與刻意散播的說辭描繪股票榮景，把公司股票銷售給受到吸引的無知大衆，使得公司這種形式已經「全然脫離正軌」①。雖然委員們對亂象憂心如焚，但並不感到意外。

其實早在十六世紀晚期公司最初出現之際，商人與政治人物就對它抱持懷疑的態度。當時通行的合夥制是由爲數較少的一群人組成，在個人誠信與彼此互信的約束下聚集資金，設立合夥人自己經營並擁有的企業。但公司形式卻大異其趣，所有權與經營權分開，由董事與經理人負責經營公司，而另一群人，也就是股東，則擁有公司。許多人認爲，這種獨特的設計正是貪污與醜聞的源頭所在。亞當·斯密（Adam Smith）在《國富論》（*The Wealth of Nations*）中提出告誡，由於經理人的誠信不足，不值得委以「他人的金錢」，而公司組織的企業勢必導致「疏忽與浪費」。事實上，當他提出這些論點的一七七六年，公司組織已在英格蘭遭禁五十年以上。一七二〇年，英國國會有鑑於交易巷的公司糾紛層出不窮，終於宣佈公司爲非法（不過有一些例外）。促成這項決定的推手，就是著名的南海公司（South Sea Company）倒閉事件。

南海公司成立於一七一〇年，從事的是獨門生意，包括販奴與南美西班牙殖民地的貿易等。不過南海公司打從一開始就是個騙局，董事中雖不乏政界知名之士，但他們對南美洲一無所知，和當地也幾乎沒有任何淵源（其中一位董事倒是有個侄兒住在布宜諾斯艾利斯）。誠如一位董事招認說：「除非西班牙人失去理智……放棄自己的商機，拋掉他們僅剩的王牌，簡單地說，就是自尋死路，」否則他們絕不可能釋出自己殖民地的獨占商機。然而南海公司的董事卻信誓旦旦向潛在投資人保證，一些平凡無奇的英國出口貨，如切西爾（Cheshire）乳酪、封蠟、醃菜等等，可以換回「絕佳的獲利」以及堆積如山的金銀②。

投資人一窩蜂搶購該公司股票，促使股價狂飆，一年內漲了六倍，然而一旦投資人察覺公司一文不值，又爭先恐後拋售股票，股價一瀉千里。一七二〇年，歐洲爆發大瘟疫。而根據一位歷史學者的說法，由於迷信這場瘟疫乃是人類物慾招致的天譴，加重了大衆的恐慌③。就在同年，南海公司關門大吉。財富化爲烏有，生計受到傷害，公司董事約翰・布朗特（John Blunt）遭一名憤怒的投資人狙殺。群衆湧向西敏寺，連國王也從鄉間渡假行館趕回倫敦處理危機④。南海公司董事諸公被召到國會，除了課以罰金，有些還因「惡性舞弊與有負信賴」而鋃鐺入獄⑤。雖然有位國會議員要求將這些董事和蛇以及錢幣一起丟進袋子裡淹死，但他們大都僥倖免受嚴厲的處罰⑥。至於南海公司本身，國會在一七二〇年通過「泡沫法」（Bubble Act），明定設立「可推測爲公司組織」的公司以及「未經合法許可而發行可轉讓股票」屬犯罪行爲。

時至今日，縱然發生與南海公司類似的企業弊案，而且惡質程度也不相上下，我們卻很難想像政府會立即禁絕公司制度。雖然美國聯邦政府在各項弊案爆發時措辭強硬，但事後卻未見同樣強硬的行動，甚至連一些溫和的改革——例如有鑒於近年來的弊案，立法要求公司在財務報表中將員工股票選擇權利列爲支出，以避免產生誤導性美化作用，助長弊案的發生⑦。二〇〇二年通過立法的薩邦尼斯－歐克斯雷法（Sarbanes-Oxley

Act），針對公司治理與會計上最明顯的問題提出補救之道，至少表面上如此⑧，但以往聯邦政府對於企業弊案的一般反應，充其量只能算是遲緩而軟弱。對照一七二〇年英國國會果決嚴厲的措施，透露出過去三百年來公司已累積龐大的力量，從而削弱了政府的管制能力。一七二〇年，這個羽翼初成的機構可以在立法者大筆一揮下遭到禁絕，但今天的公司卻可以對社會與政府全面掌控。

公司何以變得如此強勢？

公司作爲一種企業形態的高明之處，以及公司之所以能在三個世紀內迅速崛起的原因，是因爲能夠匯集無數人的資本乃至經濟實力。合股公司（joint-stock company）首見於十六世紀，清楚反映了少數人集資並經營的合夥制財力有限，不足以支應新興工業革命後出現——雖然當時尚屬罕見——的大型企業。一五六四年，皇家礦業公司（Company of the Mines Royal）以合股公司的形態成立，資金來自出售二十四股，每股一千二百英鎊；一五六五年，礦物與電池公司（Company of Mineral and Battery Works）的集資則是要求稍早發行的三十六股支付股款。一六〇六年，運送淨水到倫敦的新河公司（New River

Company）以合股公司形態成立，另有好幾家公用事業也採行這種形態⑨。一六八八年，英格蘭共有十五家合股公司在營運，但每家的成員都不超過幾百人。公司在十七世紀最後十年開始大行其道，成爲殖民地企業常採用的籌資管道。合夥雖然仍是當時主流的企業形態，但公司自此以後穩步前進，終於取得超前的地位。

一七一二年，湯瑪斯・紐康門（Thomas Newcomen）發明一種蒸汽驅動的機器，可以抽取煤礦積水，無意中開啓了工業革命。接下來的一個世紀，蒸汽動力帶動英、美大型產業的發展，拓展了礦業、紡織業（以及相關的漂白、印花、染色、研光等業務）、磨粉業、釀酒業與蒸餾業的規模⑩。由於這些新興的大型事業所需資金遠超出合夥制所能募集的水準，公司遂蓬勃成長。美國獨立革命之後的一七八一到一七九〇年之間，公司數目膨脹了十倍，由三十三家躍升到三二八家⑪。

同樣的情況也出現在英格蘭，隨著「泡沫法」於一八二五年廢止，公司再度合法化，公司數目也急遽增加，而不當交易以及泡沫又在企業界死灰復燃。套句當時小說家華特・史考特爵士（Sir. Walter Scott）的話，合股公司很快成爲「時代的流行」，正適合作爲嘲諷的對象。史考特語帶尖酸地指出，投資人如果是某家公司股東，就可以透過花錢買自家產品而賺錢（他將公司比作一臺可利用本身所產生之廢棄物作爲燃料的機器）：

> 這種人（投資人）向自家的麵包公司買麵包，自家的乳品公司買牛奶與乳酪……爲了葡萄酒進口公司的利益而多喝一瓶酒，因爲他自己是該公司股東。他的一舉一動雖然由其他角度看來純屬奢侈，但對他本人而言，卻並不違背節儉之道。雖然他所消費的物品價格偏高，品質也沒什麼特別，但一個人既然是自己的顧客，就算給占了便宜也全是爲了本身的利益。不用說，如果殯葬合股公司和醫療機構聯合起來成立一家死亡與醫師企業，那麼股東搞不好會努力讓繼承人能在自己的死亡與葬禮費用上分到豐厚的一筆金額。⑫

就在史考特語帶諷刺之際，公司已躍躍欲試，即將邁開縱橫於經濟與社會的腳步。在此一種新的蒸汽驅動引擎——蒸汽火車頭——也助了一臂之力⑬。

十九世紀美國鐵路鉅子受到兩極化的褒貶，他們是現代公司年代的眞正締造者。由於鐵路屬於需要龐大投資的巨型事業——包括鋪設鐵軌、製造車輛、經營與維修——因此很快就採用公司形態以融通營運。美國在一八五〇年代出現興建鐵路的熱潮，而南北戰爭後又形成另一波高峰，一八六五至一八八五年間鋪設的鐵軌超過十萬英哩。隨著工業的成長，公司的數目也同步增加[14]。英格蘭的情況亦復如此。一八二五至一八四九年間，鐵路所募集的資本——主要是透過合股公司——由二十萬英鎊增至二億三千萬英鎊，成長了千倍以上[15]。

M·C·里德（M. C. Reed）在《鐵路與資本市場的成長》（*Railways and the Growth of the Capital Market*）一書中指出：「鐵路系統的引進與擴展有項最重要的副產品，那就是協助公司的證券形成一個全國性的市場。」[16]不論英、美，鐵路所需的資本投資，並非十九世紀初一小撮投資公司的有錢人所能供應。到了十九世紀中葉，隨著鐵路股票充斥英、美市場，中產階級首次開始投資公司股票。當時英國《經濟學人》（*The Economist*）雜誌指出：「現在人人都投資股票……清寒的小職員、貧窮的手藝學徒、退伍軍人、失業者——所有人都加入了追求發財的行列。」[17]

不過要吸引更廣大群眾加入股市，還存有一項障礙：不論投資公司的金額是多是少，每個人都得承擔公司債務，而且金額沒有上限。如果公司倒閉，投資人的住宅、存款與其他個人資產都得面臨債權人的追討，也就是說，只要擁有某家公司的股票，就可能讓你有傾家蕩產之虞。除非這種風險能夠排除，否則股票投資實在很難眞正具有吸引力。到了十九世紀中葉，企業領導人與政治人物大力倡導修法，把股東的責任限縮於對公司的投資金額。他們的看法是，如果某人買了價值一百元的股份，那麼無論公司碰到什麼問題，超過一百元的債務都與他毫不相干。支持「有限債務」者認爲，這是吸引中產階級投資人進入股市的必要作法。英格蘭合夥選擇委員會（Select Committee on Partnership）於一八五一年指出：「有限債務使得財力有限者也能和有錢人一起投資股票」，也就表示「他們的自尊得以提升，智慧得以增進，同時更願意維護秩序並尊重各項財產法律。」⑱

這個委員會稍後的言論還微妙地暗示了一個目標：把勞工吸納到資本主義制度中，以終結階級衝突。因此有限債務除了在經濟面可擴大潛在投資族群，在政治面也找到了正當性。一篇刊載於一八五三年《愛丁堡雜誌》（*Edinburgh Journal*）上的文章指出：

工人不了解資本家的立場，補救之道是讓他們有親身的體驗……工人一旦取得合股公司所有人的身份，對勞資關係的整個看法很快就會大幅轉變。他們會了解，就算只要維持一家小公司上軌道，也得承擔多少焦慮與折磨……透過合股原則的行使，中產階級與工人階級將可獲致相當的物質與社會利益。⑲

不過有限債務也遭到一些人的反對。英、美兩國反對者主要都是基於道德的理由，認爲投資人如果得以由公司的失敗中全身而退，將侵蝕個人的道德責任感，危及主導商業界數百年的價値。一旦實施有限債務，投資人可能對公司的狀況漫不經心。有一首嘲諷公司的歌曲就出現如下的詞句：

雖然你本人可能出身羅斯契爾德家族（Rothschild，歐洲的金融業世家），
而你的公司遭遇不順，
不過清算人說，「別擔心——你不必付錢，」
所以你明天又另開一家公司！

一位英國國會議員的談話可以代表反對者的看法，他憂慮有限責任將打擊「商業立法最優先也最自然的原則……即人人都應償還他所簽下合約的債務，只要在他能力所及之內」，也會「使人得以從事損失機會有限、獲利機會無窮的交易」，從而鼓勵「邪惡、輕率的投機作風。」⑳

雖然有這樣的反對聲浪，有限責任還是在公司法中站穩腳步，英國是一八五六年，美國則是十九世紀的後半（不同州的時間有別）。既然投資股票的風險已解除——至少就投資人可能被迫賠上的金錢數目而言——擴大資本市場參與者以及分散投資標的的道路更見平坦。不過直到十九世紀末，美國公開交易公司仍然相當罕見。除了鐵路業以外，領導性公司多屬家族企業，就算發行股份，也屬於個人之間的直接交易，並不透過股票市場。然而到了二十世紀初，大型的公開交易公司已成爲經濟景觀中穩固的一環㉑。

自一八九〇年代起的短短二十年間，公司經歷了革命性的轉變。事情的開端源於紐澤西州與德拉瓦州（據德拉瓦目前主管公司事務的官員指出，德拉瓦是頭一個以「公司之家」而知名的州）㉒爲吸引企業到當地設立公司，揚棄公司法中一些不受歡迎的限制，包括：

- 刪除企業僅能爲特定目的設立公司、僅能於有限期間內存續、只能在特定地點營運的規定。
- 大幅放寬對合併與收購的限制。
- 廢止公司不得擁有其他公司股票的規定。

爲了不在爭取公司設立上落居下風，其他各州也很快進行類似的修法。這些變革引發一股設立公司的風潮，企業紛紛追求公司組織所能享有新的自由與力量。然而由於購併的重要限制不復存在，一大批中小型公司迅速爲少數超大型公司吞併——一八九八至一九〇四年，一千八百家公司整合爲一百五十七家㉓。短短幾年之間，美國經濟即由獨資企業的自由競爭局面，轉變由少數有衆多股東的大公司所主導。公司資本主義的時代就此展開。著名的反壟斷者與鐵路改革者紐頓・布斯（Newton Booth）於一八七三年任加州州長時曾說：「路上的每根枕木都是一位小股東的墳墓。」這句話的寓意很清楚：

在大公司裡，股東的權力微不足道。到了二十世紀初，公司通常由成千甚至上萬分散各處而沒沒無名的股東組合而成。由於權力高度稀釋，這些股東個別的量無法影響管理決策，而且因分散各處，也無法集體行動。小股東喪失對大公司的控制力，卻讓經理人有機可趁。一九一三年，以衆議員亞森涅・普約（Arsène Pujo）爲首的一個衆議院委員會成立，調查「金錢信託」，並提出如下的報告：

傳喚的證人中無人能在美國歷史中舉出例子，證明任何大公司股東有辦法推翻現有的管理團隊，甚至連調查現有管理團隊是否善盡管理之責都辦不到……在股東人數衆多而分散的大公司……管理團隊幾乎可以長保權位，而且透過本身的權力、股東的漠不關心以及其他的影響力，得以控制大部分的股權。㉔

由於諸多現實理由，股東已然由他們擁有的公司中消失無蹤。眞人的股東既然形同消失，法律就必須找其他人來行使公司在經濟體系中營運而產生的相關權利與義務，而這個「人」就是公司本身。早在一七九三年，一位公司研究者就提出公司擬人化的邏輯，將公司作如下的界定：

許多個人在一特殊名稱下結合爲一個體，以人爲的形式而取得永久的存續，同時依法在幾個方面被賦與一如自然人的行爲能力，尤其是取得與交付財產、訂立契約、訴訟、享有某些特權與豁免。㉕

另一位學者於一八二五年指出，在合夥組織中，「法律看的是個人」，而在公司組織中，「法律只看章程下的產物，即公司這一個體，而不問個人如何。」㉖

到了十九世紀末，透過神奇的法律鍊金術，法庭已經徹頭徹尾把公司改造爲「人」，具有自己的身份，獨立於那些擁有或經營公司的有血有肉的人，而且一如眞人，可以用自己的名字來經營事業、購置資產、雇用員工、繳稅、上法庭主張自己的權利並爲自己的行爲辯解。公司法人取代了擁有公司的自然人，至少法律上是如此。一九一一年，有位法律教授形容公司這個實體爲「眞實而非想像或虛構、自然而非人工」，宛如自由獨立的個人㉗。幾百年來，授權理論（grant theory）向來把公司視爲政府政策的工具，仰賴政府創造出來，並賦與功能。如今這一理論走入歷史，而過去爲公司加上諸多限制的種種說辭也隨之消聲匿跡。這是因爲公司既然被視爲可類比人類的自然實體，就應該具有自由人的權利。正是基於這種觀念，紐澤西州與德拉瓦州採取了前述的一些措施，而美國最高法院也於一八八六年決議，由於公司是「人」，所以應受到憲法修正案第十四條（Fourteenth Amendment）的保障，享有「適當的法律程序」與「同等的法律保障」等原本憲法所保障的被解放奴隸的權利。㉘

隨著公司的規模與力量愈來愈大，如何減輕一般人對公司的恐懼也就愈有其必要。二十世紀初期合併盛行之際，公司首度遭受嚴重的合法性危機。許多美國人第一次察覺公司已經成爲龐然怪物，隱然有壓倒社會其他組織與政府之虞。民衆普遍將公司視爲沒有靈魂的巨獸——冷酷無情、罔顧道德。公司突然成爲人人喊打的對象，受到有組織的抗爭（尤其來自日益茁壯的勞工運動），要求政府管制甚至解放公司的呼聲日益高漲。企業領導人與公關專家警覺到，公司新取得的力量與特權必須搭配新的公關策略。

一九〇八年，當時全美首屆一指的大公司美國電報電話公司（AT&T）——也是壟斷全美電話業務的貝爾系統（Bell System）的母公司——開風氣之先，推出一項廣告攻勢，旨在說服心存疑懼的大衆接納並喜愛該公司。一如先前法律爲因應股東的消失而將公司轉型爲「法人」，AT&T的廣告把人類的價值注入公司，以消弭大衆認爲公司爲沒有靈魂與人性的疑忌。該公司一位副總裁擔心，規模龐大往往會榨乾公司「人性化的理解、人性化的同情、人性化的接觸，還有自然而人性化的關係」，讓一般大衆認爲公司是「物」。還有位AT&T主管則認爲，有必要「讓大家了解並喜愛AT&T。並非只是依賴它，視它爲不可或缺，視它爲理所當然，而是要愛它，對它有眞正的感情。」

自一九〇八年到一九三〇年代晚期，AT&T一直自詡爲「朋友與鄰居」，同時藉著廣告宣傳中凸顯眞實人物的手法，爲自己安上一張人類的面孔。該公司廣告裡固定會出現員工，尤其是接線生與架線工人，還有就是股東。在名爲「我們的股東」的雜誌廣告中，顯示一位應該是寡婦的女性，檢視著她的AT&T股票，兩名年幼子女圍在身旁觀看。另一則廣告聲稱AT&T是「公共服務所有權的新民主」，「直接由人民擁有——不受一人控制，而是受所有人控制。」㉙

其他大公司也起而效尤。例如通用汽車（General Motors）推出的廣告就希望「藉家庭之名而將組織擬人化」，當時負責該公司廣告事宜的主管指出：「『公司』一詞冷冰冰、非人性，容易導致誤解與不信任；而『家庭』則親切、人性、友善。這就是我們爲通用汽車勾勒的形象——一個和樂融融的大家庭。」㉚

一次大戰結束時，一些美國領導性大公司紛紛忙著塑造充滿愛心、善盡社會責任的形象，包括奇異（General Electric）、柯達（Eastman Kodak）、安訊（National Cash Register）、標準石油（Standard Oil）、美國橡膠（U. S. Rubber）、固特異輪胎與橡膠公司（Goodyear Tire & Rubber Company）等。在這一號稱「新資本主義」的趨勢下，公司爲美化形象，作出各種善盡法人公民責任的承諾，並採行改善工資與工作條件的措施。由於當時人民要求政府應約束公司的勢力，加上一次大戰出生入死的退役軍人堅持應有更好的工作待遇，使得勞工抗爭層出不窮，因此新資本主義努力向大衆展示，即使沒有政府與工會的強制壓力，公司照樣能表現良好。㉛

這一運動的領導者之一保羅・W・李奇菲德（Paul W. Litchfield）曾在二十世紀中葉擔任固特異輪胎總裁三十二年，他認爲除非以勞資之間的平等與合作取代分裂與衝突，否則資本主義將無法存續。雖然遭到一些企業界同行貼上社會主義與馬克斯主義的標籤，李奇菲德仍率先研擬方案，增進勞工及眷屬的健康、福利與教育，也讓勞工對公司事務有更多的發言權。他最自豪的一項成就是仿照美國參、衆議院而設立的工人參、衆議院，可決議工資在內的雇用事項。李奇菲德爲他的「德政」辯護，聲稱這些是固特異成功所必需。他說：「固特異擁有人性特質。固特異在美國產業界迅速崛起，除歸功於經營方法，同等重要的就是這一人性特質。」㉜

到了一九三〇年代，公司飽受輿論負面攻擊，社會責任說再度風行，許多人認爲公司的貪婪與管理不善導致了經濟大蕭條。法官路易斯・布蘭代斯（Louis Brandeis）一九三二年在最高法院一項判決中指出，公司是有作惡能力的「科學怪人」㉝，不少人對此表示同感。爲回應這種情勢，企業領導人開始擁抱社會責任，認爲這是恢復民衆對企業信賴的最佳策略，也可以扭轉他們對「大政府」日益執迷。時任奇異總裁的吉拉德・史沃坡（Gerard Swope）一九三四年的一番話，道出大企業領導人的共同心聲：「有組織的產業應該帶頭，認清本身對員工、公衆與股東的責任，而不該認爲民主社會必須透過政府行事。」㉞

其實更早兩年，亞道夫・勃雷（Adolf Berle）與賈丁納・明斯（Gardiner Means）在

《現代公司與私有財產》（*The Modern Corporation and Private Property*）這部經典著作中即已道出類似理念。他們認爲，公司是現代世界中「潛在的（如果尚未成爲眞正的）主導性機構」，公司經理人已成爲「產業的領主」，而他們的公司就好比封建城邦。由於從社會聚積了這樣龐大的力量，公司及其管理者理應有責任爲社會整體的利益服務——與政府相當類似——而非僅著眼於股東的利益。他們主張，「對大公司的『控制』應發展爲純粹中性的技術專家政治（technocracy），在社會不同團體的各種主張中求取平衡，同時依據公共政策而非私人貪欲把所得分配給各團體。」勃雷與明斯提出警語，聲稱公司制度如果要存續下去，公司可能不得不接受這種新方向。

當時另一位知名的公司研究者艾德溫‧竇德（Edwin Dodd）對公司是否會負起社會責任抱持比較懷疑的態度，不過他認爲公司至少得擺出這種姿態，否則就有喪失合法性、從而喪失權力之虞。他於一九三二年在《哈佛法律評論》（*Harvard Law Review*）指出：「現代大規模產業賦與主要公司經理人龐大的權力。由於渴望長保現有的權力，他們採納並散播一個觀點：他們不僅僅是公司缺席所有者（即股東）的僕人，也是受公司影響的一切相關權益的守護者。」㉟

儘管公司領導人宣稱他們能夠自律，富蘭克林・D・羅斯福（Franklin D. Roosevelt）總統還是於一九三四年推出新政（New Deal），也就是一組以恢復經濟健全為目標的管制改革措施，其中包括扼制公司的權力與自由。新政乃是政府第一次有系統地嘗試對公司進行管制，也為現代管制型國家奠定基礎。當時許多企業領袖對此大加撻伐，其中一小撮人甚至密謀推翻羅斯福的政權（本書第四章對這一事件以及新政有更詳盡的討論）。雖然這項陰謀並未成功，但仍可清楚看出許多企業領導人對羅斯福的敵意之深。然而，新政的精神以及其中許多管制規定還是廣為流布。在其後五十年期間，歷經二次大戰、戰後時期，乃至一九六〇、七〇年代，相對於公司力量不斷成長，政府管制、工會以及各項社會方案的持續擴張，至少發揮了部分的抵消作用。如同百年前蒸汽引擎與鐵路加上新的法規與意識形態，共同創造了公司巨獸，當今科技、法規與意識形態的新合流——經濟的全球化——也反轉了強化公司管制的趨勢，讓公司一躍而取得空前的權力與影響力。

一九七三年，石油輸出國家組織（OPEC）成立，以類似卡特爾（cartel）的形式控制全球石油供應，油價隨之暴漲，撼動了世界經濟。失業率高漲，物價飆升，嚴重的不景氣接踵而至。當時通行的經濟政策由新政一脈相承而來，注重管制與政府干預措施，但因處理危機不見成效而備受指責。西方世界的政府開始轉向新自由主義（neoliberalism），師法早先自由放任（laissez-faire）的經濟思想，標榜個人與公司的經濟自由，限制政府在經濟中的角色。一九七九年，瑪格麗特・柴契爾（Margaret Thatcher）成爲英國首相，之後隆納德・雷根（Ronald Reagan）於一九八〇年當選美國總統，自此由新政理念與政策主導的經濟時代顯然走到盡頭。其後二十年間，各國政府致力推動新自由主義的核心政策，包括解除管制、民營化、削減政府支出、減輕通膨等。到了一九九〇年代初期，新自由主義已成爲經濟的正統。

在此同時，拜運輸與通訊科技創新之賜，公司的流動性與搬運性（portability）大幅提升。經由大型噴射機與貨櫃運輸的新技術，促使海運得以便利地整合鐵路與公路網，不但壓低成本，也增加運輸的速度與效率。通訊也有類似的長足進步，主要歸功於長途電話網絡、電傳與傳眞技術的創新，當然還更近期興起的網際網路。公司不再局限於自己的創始之地，可以海闊天空地尋找生產基地，大幅降低成本。它們大可在貧窮國家雇用勞工，因爲那裡工資低廉而且環保標準寬鬆，然後再把產品賣到富有國家，因爲那裡人民所得高，也願意支付較高的價格。一九四八年關稅暨貿易總協定（ＧＡＴＴ）成立後，各國原有的高關稅逐漸降低，使得公司更可充分運用新取得的流動性，而毋需擔憂關稅的懲罰性作用。

解除了地域的束縛之後，公司現在擁有主導政府經濟政策的力量。誠如加拿大著名高科技公司北電網絡（Nortel Networks）副總裁克里夫・艾倫（Clive Allen）所言，公司「對加拿大並無忠誠可言……我們（北電網絡）出生在那裡，並不代表我們會一直待在那裡……那個地方得保持吸引力，我們才有興趣留下來。」[36]爲了保持吸引力，一方面留住現有投資，一方面也吸引新投資，各國政府之間相互競爭，希望說服公司他們所提供的才是對企業最友善的政策。在這場殊死戰中，只見政府競相撤銷管制措施——尤其與保護勞工或環境相關者——減稅、縮減社會方案，幾乎把後果如何全拋到腦後。[37]

隨著世貿組織（ＷＴＯ）一九九三年成立，經濟全球化中解除管制的論點也更形深化。ＷＴＯ除執行現行ＧＡＴＴ標準外，也制定新規則，禁止可能限制國際貿易流通的管制措施，儼然對各國經濟主權造成明顯的干擾。一九九九年，成千上萬名群衆湧上西雅圖街頭，抗議ＷＴＯ官員與各會員國代表的集會。這時的ＷＴＯ羽翼已豐，成爲一個強大、隱密、深受大公司影響的監督者，足以左右各國政府爲保障人民與環境免受公司之害所制定的規章。㊳

當安隆案爆發，同時安德信（Arthur Andersen）會計師事務所在此事件中的角色曝光後，要求加強監督會計師的呼聲四起。然而當時鮮有人知道，美國政府因其ＷＴＯ會員國的身份，已然拱手交出解決這個問題的部分權限。一九九〇年代晚期，ＷＴＯ制定了一套「準則」，旨在確保各會員國不致對會計施加不當管制，以致「對交易造成的限制……超出達到合法目標所需」㊴。這些規定一方面是因爲ＷＴＯ抱持「管制可能對勞務的交易造成不必要、甚或往往是意料之外的障礙」的信念㊵，同時也是ＷＴＯ回應產業團體與廠商大力游說的結果。一九九八年，包括美國在內的會員國同意遵守這些新規定——預計二〇〇五年正式全面生效——也意味著各國將本身置於一個由外來不民主個體所設定並即將修正的標準之下㊶。

禁止會計師事務所替同一家公司同時擔任顧問以及稽核的立法，對防止日後再度爆發安隆／安德信之類的弊案應有幫助，近期已納入二〇〇二年薩邦尼斯－歐克斯雷法案

(Sarbanes-Oxley Act) ㊷。當ＷＴＯ準則剛提出之際，美國衆議院曾詢問ＷＴＯ官員，上述法律是否牴觸這些準則。這個問題最後的答案有待準則正式施行後ＷＴＯ的裁決，可能的形式是就某一會員國對這一法案的控訴而作出的判決。不過至少就目前爲止，只要看到美國衆議院居然有提出這個問題的必要，就可理解政府管制會計師的權限，受到ＷＴＯ準則多大的潛在影響，而人民在這方面的民主主權受到的影響自然不在話下㊸。

會計制度的管制並非特例，ＷＴＯ在其他不少領域也有力量限制政府的政策選擇。我們看到ＷＴＯ在不計其數的場合以懲罰爲威脅，要求各國必須修正或廢止某些保護環境、消費者或其他公共福祉的法規㊹。其中一例是美國法律規定，外國捕蝦業者如不使用能避免誤捕海龜的設備，將禁止其蝦類進口，結果遭判定違反ＷＴＯ標準㊺；另一例是歐盟禁止施打人工合成荷爾蒙的牛隻及其產品進口，結果也遭到類似的待遇㊻。不過ＷＴＯ的影響力不能僅由正式的決策來估量，因爲和任何法規標準一樣，ＷＴＯ規範最大的影響力是透過非正式管道發揮。政府可能會自我約束，以求符合這些規範——例如馬里蘭州原本擬立法禁止向在奈及利亞營業的公司購買產品（因爲該國係由殘酷的獨裁者統治），但卻接到美國國務院的警告，聲稱這項法律可能讓美國受到ＷＴＯ的質疑，於是該州只好匆匆打消原案。各國政府也可利用WTO標準施壓，要求他國政府改變政策，否則就訴諸WTO裁決——美國與加拿大正是以這種手法讓歐盟就範，撤回原本擬對陷阱捕獲獵物的毛皮以及以動物進行實驗的化妝品發出的進口禁令㊼。

只要看到產業團體在WTO內的優勢地位以及可觀的影響力，WTO的政策與決策多半偏袒公司利益也就不足為奇了。諾貝爾經濟學獎得主約瑟夫．史迪格里茲（Joseph Stiglitz）指出，代表各會員國的經貿部長經常「與已開發工業國家的商業與金融勢力緊密結合」，以致成為大公司容易下手的標的㊽。大公司與產業團體也與WTO的職員與主管關係密切。國際商會（International Chamber of Commerce）是一個對WTO有影響力的團體，其中一位成員如此描述這個團體與WTO之間的特殊關係：「我們可不希望只是WTO的地下情人，也不要由僕役入口進入WTO。」由此不難此推知一般產業團體與WTO的關係㊾。

WTO成立時間雖短，卻已嚴重干擾政府保障人民不受公司不當行為侵害的能力。更廣義而言，經濟全球化——WTO只是其中的一環——大幅提升了公司入侵政府權威的能力。卡圖研究所（Cato Institute）的威廉．尼斯卡能（William Niskanen）指出：「公司的力量已大到足以威脅政府，尤其是跨國公司，它們對特定政府的依賴少得多，因此忠誠度也低得多。」哈佛大學甘迺迪政府學院（Kennedy School of Government）企業與政府中心前主任艾拉·傑克森（Ira Jackson）認爲，公司及其領導人已經「取代政治與政治人物……成爲我們體制中新的大祭司與統治領袖。」根據固特異輪胎前執行長薩米爾·吉巴拉（Samir Gibara）的說法，和從前相比，政府［相對於公司］已經變得沒有力量㊿。

現在公司「統治」社會，或許猶勝政府；然而矛盾的是，公司的權力——其中不少係由全球化而來——卻也成爲它的致命傷。現在的公司面對的情況和以往任何統治機構一樣，焦慮感日深的群衆對它們充滿懷疑與恐懼，要求它們必須負起責任。今天的公司領導人一如他們的前輩，深切體認到必須努力爭取並維繫公衆的信賴。他們也仿傚前輩的作法，致力美化公司的形象，以人性、慈愛與善盡社會責任的姿態呈現在世人眼前。堪稱公關界教父的博森—馬斯特拉（Burson-Marsteller）執行長克利斯·柯米沙耶夫斯基（Chris Komisarjevsky）說：「今天的公司絕對要具有很多人性與個人的特質。精明的公司都了解，一般人作比較時都是由擬人化的角度出發……因爲這是一般人思考的方式，我們經常以非常、非常個人的角度來思考……如果你手持麥克風、身背相機，訪問街上路人……他們會用非常擬人的說法來形容公司。」

今天的公司利用「品牌」爲自身打造獨特而吸引人的個性。品牌的設計並不僅止於把公司與具體的人物連結起來——如早期AT&T廣告以員工與股東爲主角，或近期耐吉的邁可・喬丹（Michael Jordan）系列廣告以名人背書，或是創造出代表公司的吉祥物——如麥當勞叔叔、家樂氏的東尼老虎（Tony the Tiger）、米其林人（the Michelin Man）、米老鼠。根據全球歷史最悠久、規模最大的品牌公司蘭鐸聯合（Landor Associates）董事長克雷・提蒙（Clay Timon）的說法，公司品牌認同乃是「把它們是誰、來自何處加以擬人化」。迪士尼的「家庭魔術」、惠普（Hewlett-Packard）的「發明」、杜爾（Dole）的「陽光食品」，是提蒙所謂「品牌驅動器」的幾個例子。他指出：「公司一如品牌，有它的靈魂」，使它能與它所依賴的團體，如消費者、員工、股東、管制者等，建立起「知性與感性的連結」[51]。

提蒙舉出蘭鐸替英國石油（British Petroleum）設計的品牌驅動器——「進步、績效、綠色、創新」——說明經營環境與社會責任目前已成爲品牌的關鍵主軸。他還指出，就算公司建立品牌時不明白標舉這些主軸，現在也必須要正視社會責任。提蒙認為：「公司不論願意與否，都必須負起社會責任。」這有一部分是公司成為社會主導機構後的結果。公司必須展現出自己有資格擺脫政府的束縛，同時能參與社會治理。固特異前執行長吉巴拉在宣揚社會責任上堪稱先驅者李奇菲德的繼承人，他認為：「公司必須更值得信賴。政府的權威部分已移轉到公司……公司必須肩負起責任……行為必須真的像一個世界公民；必須尊重營業所在地的社會，也必須承擔以往應政府要求而展現的自我節制。」

自一九九〇年代中期起，歐、美各國城市紛紛湧現抗議公司違法濫權的示威活動。這些抗議隸屬更廣泛的「公民社會」（civil society）運動，還包括非政府組織、社區聯盟與工會等，瞄準的標的是公司對工人、消費者、社區與環境的危害。他們關心的課題有別於安隆案所引發的憂慮，並不把因經理人行為不當而受損的股東權益列為最優先。不過這兩類團體有個共通點：都認定公司已成為權力與不負責任的危險混合物。目前有人提出公司的社會責任，作為回應這種憂慮的一個解答。社會責任當然是一種行銷策略，但除此之外，它讓公司顯得勇於承擔對社會應盡的責任，從而在扮演當今社會統治者的新角色時更加理直氣壯㊾。

2 病態乃常態

今天的企業領導人會說，他們公司關心的不僅是盈虧，也覺得該對整個社會負起責任，而不只局限於公司股東。公司的社會責任是他們的新信條，也是對公司過去以貪婪爲出發點的自我反省。雖然有這方面的轉變，但公司的本質卻沒有改變，和十九世紀中葉以新型企業組織之姿萌芽時期沒什麼差別，仍然是爲鞏固自身利益而罔顧道德的「法人」。如果這種「人格」出現在個人身上，多數人會覺得可惡甚至病態，但說也奇怪，出現在社會裡權力最大的機構上，我們卻願意接納。自安隆案以降華爾街的許多問題，有一部分和公司機構特性上的缺陷脫不了干係。不過這些出問題的公司並非特例，事實上，所有公開交易公司莫不如此，連最受推崇、最有社會責任感的公司如輝瑞也不例外。

一八四九年，查爾斯．輝瑞（Charles Pfizer）與表弟查爾斯．厄哈特（Charles Erhart）在威廉斯堡（Williamsburg）成立了一家小型化學工廠，當時該地屬於布魯克林區農業地帶，只能藉船隻與曼哈頓連繫。經過一百五十年，輝瑞已成長為全球最大製藥公司。目前可透過橋樑與隧道通往曼哈頓的威廉斯堡，在經歷過興衰歲月之後，現在多少拜輝瑞之賜，又享受到第二春的榮景。

某個夏日午後，輝瑞資深副總裁湯姆．克蘭（Tom Kline）率領一隊紀錄片拍攝人員徒步巡迴威廉斯堡的內城區，這一帶環繞輝瑞最初工廠的所在地。克蘭是位中年白人，身著高雅的藍色長褲，搭配熨貼的短袖襯衫，在這個低收入社區顯得格格不入，不過他似乎覺得很自在。（在步行途中，他不斷和街上的陌生人打招呼，好像碰到老朋友一樣。他告訴一名婦女：「輝瑞有妳以及其他夥伴一起合作，我們可以讓這裡變得更好。」他和另外一個人短暫交談一陣子後，說：「我好愛你。」）這趟行程的起點是富拉興大道（Flushing Avenue）地鐵站，入口階梯就在輝瑞工廠大門的對街。克蘭提起在一九八〇年代初，他在工廠擔任經理，某天下班後在地鐵站月臺等車回家，結果差點遭到搶劫。

他從搶匪身旁奔逃到另一邊的月臺，滿懷恐懼地躲在那裡。但說也奇怪，他當時卻興起一個念頭，希望能針對爲害地方的犯罪與毒品惡性循環做點事。就在身處危險的時刻，他決定放棄輝瑞當時正研擬的關廠計畫，而致力於「讓社區變得更好」。①

今天，這座工廠仍然在營運，而且由於克蘭與輝瑞的努力，那座地鐵站現在也比較安全了。克蘭指著月臺特定候車區牆上掛著的黃色盒子給拍攝人員看。這個盒子與一套由輝瑞贊助並維護的精密保全系統連結，安全受威脅的地鐵乘客可以向鄰近的輝瑞工廠警衛求援。離地鐵站一街區之遙就是輝瑞創業時的公司總部，現在有一所克蘭設立的小學，由輝瑞支援部分經費。雖然該校名義上屬於紐約市公立學校體系，不過校長宋妮亞·傑拉多（Sonia Gerrado）指出，透過輝瑞的指導與參與，「學童眞正與公司有了持續的關係。」還有一項中收入戶住宅開發案，由該公司的再開發計畫領軍，並與市政府共同執行②。

克蘭的信念是：「如果我們眞的有心改善美國都市的情況，那麼我們企業界人士……責無旁貸。」他也以行動證明自己並非徒託空言。誠如輝瑞董事長兼執行長麥金涅所言，克蘭乃是「重振一個極度破敗市中心區的幕後推手」。③

不過麥金涅寄望輝瑞做的並不僅止於拯救都市，他認爲：「輝瑞可以成爲替全世界最多人做最多好事的公司。」該公司每年在全球各地捐贈數億美元的產品與現金，自許爲「美國最慷慨的公司之一」。麥金涅對輝瑞撲滅砂眼的工作特別自豪，這種每年使八百萬到一千萬人失明的傳染病，只要每年使用一次輝瑞生產的藥品日舒 Zithromax（阿齊黴素，Azithromycin）即可預防。據麥金涅說，該公司捐贈這種藥品給非洲國家，使得砂眼感染率降低一半，預計到二〇二〇年將可絕跡。該公司網頁宣稱：「輝瑞永不停息地爲社會問題尋找嶄新的解答。無論捐贈藥品給需要者、員工助學貸款，還是重建鄰近的社區……我們全力投入公司的目標：協助全球人民享受更健康、更豐富的生活。」④

該公司一向樂善好施：捐款慈善機構、支援少棒隊、協助建立劇院等等。傳統上，公司對善行相當低調，只是將之視爲賺錢這個主要目的之外的附帶之舉。不過時至今日，像輝瑞這樣的大公司已把公司的善行納入業務計畫的核心。無論界定公司的本質與理想的狀況，還是探討公司該做或不該做哪些事，都不能不納入對社會的責任，而非只著眼於公司股東。大家目前寄望於公司生產的不僅是商品，還有善行；追求的不僅是價格，還有價值，而且要協助改善我們的世界。

一九八〇年代當紅的管理者，像日光公司（Sunbeam）有「鏈鋸」之稱的艾爾·鄧列普（Al Dunlap），以大刀闊斧的作風裁減公司預算，曾以手持機關槍的造型出現於雜誌封面，彰顯他「不留活口」的管理風格。這些人當時被譽爲創造公司利潤的英雄與無畏的戰士，今天看來卻有如野蠻人，一點也不優雅時髦，就像他們喜歡穿的紅吊帶一樣突兀。目前大公司的執行長具有慈悲爲懷的精神，似乎眞心關懷公司作爲會對社會與環境造成的影響，而不是只想到股東；所以他們說有責任兼顧社會與環境的利益，而非只考量公司的獲利。固特異輪胎的吉巴拉認爲：「今天的公司遠不是只有股東而已……公司還有更多組成分子，必須將這些需求都納入考量。」公司的責任不再局限於爲投資者賺錢，根據福特汽車董事長威廉·福特二世（William Ford Jr.）、也是公司社會責任先驅亨利·福特（Henry Ford）曾孫的說法，「公司在二十一世紀可以是、也應該是解決環境與社會問題的重要力量。」⑤

前哈佛企管學者傑克森相信，這些態度昭示著資本主義開始邁入一個全新的階段，他稱之爲「有良心的資本主義」。有不少事證支持他的看法：現在的公司會在公司網頁與年報上大談社會與環保方案，而且所有的部門與決策主管都投入這些方案；企業新聞充斥社會責任的專題報導，並爲公司在這方面的表現品評高下；商學院開設社會責任的新課程，大學也成立相關的研究中心（菸業巨人ABT捐款七百萬美元，在諾丁罕大學〔University of Nottingham〕設立公司社會責任國際中心）；社會責任成爲企業領導人會議——如瑞士達沃斯（Davos）的全球經濟論壇（World Economic Forum）、WTO部長級會議、產業會議、國際貿易與投資高峰會——不可或缺的議題；公司競相以更高的道德水準彼此較勁⑥。

不論是電視或報章雜誌上的公司廣告，「善盡社會責任」現在與「性」並列最熱門的主題。殼牌石油（Shell）近期一則電視廣告堪稱典型的例子。我們看到一位自稱是「浪漫」環保人士的法蘭西絲‧亞波特—加迪歐拉（Frances Abbots-Gaurdiola）搭乘直昇機穿梭於優美的湖光山色之間，與居住於茅草屋的土著交談。她以狐疑的眼神注視一列重型卡車轟隆轟隆駛過原始的大地，此時詩意的蘇格蘭口音旁白響起：「這位女子希望保護脆弱的環境，不受石油與汽油的破壞。」（此時我們一定認爲她是什麼反對大公司的綠色和平人士之流）「儘管如此，她並不與石油公司唱反調，她『就是』石油公司。」這裡我們才搞清楚，原來她是殼牌公司的地質學者。

和其他一大堆類似的廣告一樣，箇中的訊息很清楚：公司關懷環境與社會，而不是一味追求利潤；公司不是全球病症的製造者，而是解決方案的一部分；公司不是政府與非政府組織的敵人，而是盟友。

傑克森指出，不過幾年之前，如果你向某位執行長建言，說他的公司應遵守聯合國全球人權宣言，那麼不是遭到訕笑，就是給警衛請出去。然而最近一百位全球最大公司的執行長齊集紐約，與綠色和平、國際特赦組織（Amnesty International）等非政府組織的領袖以及各國大使共聚一堂，簽署遵守全球人權宣言一般準則的承諾。傑克森認爲這只是公司良心新秩序的一個例子而已，他和不少管理學者都讚揚願意擁抱公司社會責任的大企業領導人，也預期不這麼做的企業難逃失敗命運。⑦

就連美國小布希總統現在也說，公司責任是基本的企業價値，事實上還是一種愛國的表現。他在一次提及安隆案的演講中告訴一群傑出的企業領導人：「美國正在迎接一個責任的年代，一個再度重視個人責任感的文化，這個新文化必須包括公司責任的重新覺醒……企業的關係，一如所有人類的關係，必須奠基於正直與信任之上。」

不過並非每個人都認同公司社會責任的正當性。全球知名的諾貝爾經濟學獎得主米爾頓・傅利曼（Milton Friedman）就認爲，企業的新道德主義其實是不道德的。

當傅利曼同意接受我的採訪時，他的祕書警告我，如果傅利曼認爲我提的問題很蠢，可能直接起身拂袖而去。因此我在他的辦公室大廳等候時，內心惴惴不安。我想到《綠野仙蹤》的桃樂西，在等待托托拉開簾幕揭露奧茲魔法師眞面目時，想必就是這樣的心情。傅利曼是知性的巨人，受人敬佩也讓人畏懼，有人奉之如神明，有人卻貶之爲魔鬼，他的眞面目反而模糊不清。所以他面帶微笑進入室內時，我覺得如釋重負，這位迷人的小個子活脫就是故事裡的魔法師，身高大概只有五呎出頭。他打量權充電視攝影棚的大廳（我是爲了政府出資的電視紀錄片而採訪他），燈具與攝影機讓房間顯得凌亂，地上滿佈錯綜複雜的電線。兩名工作人員手持棉花球站在旁邊，幫這位大人物除去鼻上的出油。覺得有些不知所措的傅利曼抱怨說：「上次ABC來這裡，總共只有兩個人和一臺攝影機。現在我們算是見識到政府奢侈浪費的最佳例證。」

傅利曼認爲公司對社會有利（而政府太大是壞事），然而他對公司該爲社會「做」好事的觀念卻不以爲然。他告訴我：「公司是股東的財產，它的權益就是股東的權益。除此之外，公司難道該不管獲利，爲了自認符合社會責任的目的而花費股東的錢嗎？」傅利曼認爲，公司主管只有一項「社會責任」：爲股東賺最多錢。這是一種道德上的必要。如果公司主管將社會與環保的目標置於利潤之上，一心想符合道德標準，事實上反而是不道德的。

不過傅利曼也指出，有一種情況下可以容忍公司的社會責任，那就是只把它作爲幌子。公司主管把社會與環保價值當成追求股東財富極大化的手段——而非目的——倒是可以接受。他這麼形容，「就像賣汽車時請一位美女站在車子前面，完全是醉翁之意不在酒。」美好的目的就像美好的女性，都有助於銷售商品。傅利曼也承認，這種純粹以技術性觀點來看社會責任，會把崇高的理想降格爲「僞善的門面裝飾」。然而，僞善只要有助於獲利，就合乎道德；而對獲利沒有幫助的德行，反而不道德。⑧

雖然許多企業界的精英對傅利曼的觀點不以爲然，認爲他與現實脫節，但他對公司社會責任的質疑，還是吸引了一些重量級的支持者。前福特汽車經濟學者、現任卡圖研究所主任的尼斯卡能就說，他不會投資那些倡言公司社會責任的企業。他說：「我認爲福特汽車目前生產的汽車和卡車還是不錯，不過這位新的福特先生所採取的社會責任行動，很可能會損及公司所有人的權益。」⑨管理學界大師中的大師杜拉克，推崇傅利曼「堪稱我們當代最偉大的經濟學家」，也呼應公司社會責任可能嚴重扭曲經營原則的看法。杜拉克說：「如果你發現有位主管打算要肩負起社會責任，趕緊開除他。」哈佛商學院教授德波拉·史帕（Debora Spar）堅信，「公司的設立不是要成爲道德性的組織……公司眞正的任務只有一項，就是提高股東價値。」就連傅利曼知性與理論上的勁敵諾姆·喬姆斯基（Noam Chomsky）也贊同他的一些觀點，認爲公司必須「只關心自己的股東……而不是社區或勞工或其他任何事物。」⑩

公司依法設立，公司的目的也見諸法律規定。法律明白揭示董事與經理人能做、不能做、必須做的事。至少就美國與其他工業國依法設立的公司而言，大都相當接近傅利曼理想中的公司：強制公司主管須把公司與股東權益放在首位，而且禁止他們負社會責任——至少不能眞心投入。

一九一六年，亨利·福特從痛苦的經驗學到這堂法律課，也很不情願地協助確立法律不容公司負社會責任的原則。

福特原本相信，他的福特汽車公司可以不僅僅是個賺錢機器，因此他支付工人的待遇遠超過當時平均水準，同時福特生產的T型車也年年降價回饋顧客（最早的價格超過九百美元，到一九一六年大幅降到四百四十美元）。據說他曾表示：「我不認爲我們該從汽車上賺這麼多錢。合理的利潤是正當的，但暴利則不應該。」⑪

約翰與何瑞斯・道奇（John and Horace Dodge）兩兄弟於一九〇六年投資一萬零五百美元，協助福特成立汽車公司。他們是主要大股東，約翰還擔任董事。兩兄弟承諾自己設在芝加哥的機器工廠專門替福特生產零件，甚至還因此拒絕了當時更有規模的奧斯摩比（Oldsmobile）汽車公司。不過到了一九一六年，道奇兄弟有了更大的野心，約翰辭去福特的董事，準備和弟弟設立自己的汽車公司。他們原本期望運用福特股票每季配發的股利來融通這項投資，不料福特卻決定不發股利，轉而將這筆資金以T型車降價的形式回饋給顧客。道奇兄弟因而一狀把福特告上法院。他們主張利潤屬於股東，所以福特無論立意多麼良好，也無權把他們的錢送給顧客。福特則在公開的法庭表示：「企業是一種服務，而不是挖金礦，因此公司在經營上只是附帶賺到錢。」不過法官同意道奇兄弟的見解，裁定股利應恢復發放，並斥責福特忘記「公司的設立與運作，主要是爲了股東的利潤」，同時公司經營不能「只把股東權益視爲附帶，但卻把造福他人視爲主要目的。」⑫

道奇對福特（Dodge v. Ford）的案例迄今仍代表所謂的「公司最佳權益」的法律原則，亦即經理人與董事負有法律責任，應將股東權益置於首要，同時依法無權追求其他權益。衆所周知，亞當・斯密對公司形式可能造成的缺失相當擔憂，而一百四十年後道奇對福特案所確立的原則，算是爲這一缺失提供了法律的對策。亞當・斯密在其經典著作《國富論》中提及，公司的所有人，股東，並不親自經營事業，而是授權給專業經理人負責，這令他深感不安。因爲他認定經理人對管理「別人的錢」未必會像自己的錢那麼謹慎，所以「這種公司的管理中必然處處可見或多或少的漫不經心與揮霍無度。」

目前「公司最佳權益」原則已在多數國家的公司法規中根深柢固，公司主管的行動必須時時以公司乃至公司所有人的最佳權益爲念，因此亞當・斯密的擔憂當可獲得解決。法律禁止管理者的行動帶有其他動機，無論是協助勞工、改善環境，或幫消費者省錢。他們如果想做這些事，就得以個人身份自掏腰包。一旦以公司主管身份掌管別人金錢時，在法律上就無權追求這樣的目標——除非以此作爲增進公司權益的手段，通常也就是指謀求股東財富的極大化。⑬

因此，公司的社會責任是不合法的——至少如果眞心誠意時是如此。公司律師羅勃特・辛克利（Robert Hinkley）執業三十二年後，辭去在著名國際法律事務所的職位，因爲他終於了解，「現在的法律事實上禁止主管與公司善盡社會責任。」他說：

> 全世界好幾百種公司法對公司的設計規範都大同小異……經營公司者對股東負有法律責任，也就是替股東賺錢。如果未能盡到此項責任，董事與經理人可能遭股東提起訴訟。法律要求公司追求自利（同時將公司權益等同於股東權益）。對公共權益的責任則未提及……因此公司法視道德與社會課題爲不相干，或甚至構成公司基本使命的絆脚石。⑭

這是否意味著目前善盡社會責任的大公司——如輝瑞、福特、固特異、英國石油——

犯了法？那倒未必。記住前面提過傅利曼的觀點：公司爲自利目的而承擔社會責任可予容忍。目前的法律就這點而言與他的見解一致。

十九世紀英格蘭赫頓對西寇克鐵路公司（Hutton v. West Cork Railway Company）的案例，爲這一原則奠定基礎。當時班頓（Bandon）公司買下了西寇克鐵路，而後者卻宣佈將發放好幾千英鎊紅利給即將卸任的董事，因而給班頓的股東告上法院。這些股東認爲供發放股利的錢現在已經屬於他們，不可用來圖利他人。承審法官之一波文（Lord Bowen）同意原告的主張，但也認爲在某些情況下，公司的慷慨行爲仍屬合法。他寫道：「舉例而言，某家鐵路公司或該公司董事決定由公司出錢，招待一座車站所有挑夫去鄉間喝茶，此舉有何不可？」根據波文的看法，公司本身可以從這類慷慨之舉得到好處，畢竟「公司如果對待員工過於嚴苛，完全一板一眼照章行事，將會很快遭人離棄。」因此波文的結論是：

> 法律並未規定不得提供蛋糕與啤酒，而是除非爲公司利益所必需，否則不得提供蛋糕與啤酒……慈善本身沒有資格以慈善之名參與董事會。不過有些慈善之舉對

行善者有利，那麼在此範圍內、在此名義下（我承認並不是怎麼慈悲的名義），慈善或可在董事會有一席之地，但其他目的則不在此列。⑮

現在的法律仍舊如此：善行必須有利於行善者——即公司與股東。美國律師公會指出：「法律容許董事爲他人權益著想，不過也要求他們在這樣做時，必須從中找到有助於股東長期權益的合理關係。」⑯這一法則目前已深植於公司文化中，因此股東必須像一九一六年道奇兄弟一樣訴諸法院的情形相當罕見。正如柯米沙耶夫斯基所言：「無論是機構或個人投資者，都會隨時注意我們能確實賺到錢，獲得報酬然後回報給投資者，因此很少見到慈善行爲或捐款會對公司財務績效造成影響的情況。」⑰

商業記者瑪喬莉・凱利（Marjorie Kelly）曾說，公司存在純粹是替股東獲取最大報酬，這是「天經地義，爲大家普遍接受的神聖而不容挑戰的眞理。」⑱時至今日，連最同情公司社會責任運動的企業領導人也不得不遵循。

一九九九年四月二十二日的「世界地球日」，英國石油（以下簡稱BP）領導人約翰・

布朗尼爵士（Sir. John Browne）在紐約聯合國大廈接受頒獎。BP是全球第二大石油公司，也是美國最大石油與天然氣供應商，而布朗尼上任短短四年內，帶領公司重振往日的雄風。英國女皇因他的功勛而授與爵位，企業界主管把他捧上天，而股市投資人也以BP股價創新高來回應他的傑出表現。不過這次他獲得殊榮倒不是因爲帶領公司再創佳績。在環保人士視爲眼中釘的石油業擔任領導人，他到聯合國領取的獎項居然是環保領導上的成就——而且套句丹尼斯‧海耶斯（Denis Hayes）的話，是「令人驚異」的領導。這個獎項是由海耶斯聯合各環保團體組成的地球日網絡（Earth Day Network）以及聯合國所共同頒發。⑲

一九九八年，布朗尼承認溫室氣體排放（green house-gas emmissions）可能導致全球暖化，這種認知在石油業主管中實屬異端。接下來他簽署京都議定書（Kyoto Protocal）有關降低溫室氣體排放的規範，同時退出石油業主導的全球氣候同盟（Global Climate Coalition）——這個組織投下鉅資，游說各方反對京都議定書。到了一九九九年，根據布朗尼自己的說法，他「脫離了石油業的教會」（這是套用一位石油界人士對他的指責），成爲全球首位「綠色」石油大亨。⑳

布朗尼身材瘦削，永遠表情嚴肅，不似傳統上粗獷的石油人。他經常觀賞歌劇、芭蕾舞，收藏哥倫布發現美洲前的原始藝術品，也是劍橋大學物理系畢業的高材生。他的語調平和但有權威感，談話內容生動感人。例如他在聯合國領獎時的演說一開始就說：「我們相會於歷史的一刻、新世紀之交。」

我們對新世紀有種忐忑不安之感，當然，其中不少恐懼係由於一些自然環境的挑戰找不到解決之道……我知道有人認爲企業是許多環境問題的元兇，但我希望大家能跳脱這樣的論點……我們必須協助大家超越兩難的取捨——選擇經濟成長以及污染……否則就選擇清潔的環境，但卻沒有成長。這是一種我們無法接受的取捨。」㉑

這場演說於一九九九年發表後，許多工業界人士仍然認爲布朗尼是個怪胎、異端。然而一年之後，二〇〇〇年世界石油會議（World Petroleum Conference）主席吉姆・葛瑞（Jim Gray）卻邀請布朗尼擔任主題演講人，並稱他爲「今日世界的石油與天然氣先生」。不過短短時間內，布朗尼的綠色方案就已成爲業界通用的方案，殼牌等各大公司都紛紛採行。葛瑞解釋說：「道德課題開始成爲社會責任中的重大課題。布朗尼爵士曾說，如果不理會這些領域，你就像是恐龍，只能活在昨天。至於我們，我們活在明天。」㉒

一則傳達布朗尼信念的BP廣告問道：「企業能否比利潤更多？」答案是：「我們認爲能。」布朗尼堅定的信念，加上公司綠色品牌的形象，意味著BP對環境價値的承諾不止於空話，而至少與利潤不相上下，居於「等量齊觀」的地位，絕不是附屬於獲利績效考量之下。布朗尼的遠見顯示，公司及其經營者可以眞心關懷利潤以外的價値。可是這卻正是法律所不容許的，至少當這種關切會減損獲利時是如此。因此眞正的問題是：企業能否比利潤更少？BP除了「超越石油」——該公司廣告宣傳中的巧妙用語——之外，能否也「超越利潤」？是否可以犧牲公司與股東的權益，以成全環保或社會目標？

毫不意外地，傅利曼的答案是：「不能。」當我請教他布朗尼的綠色信念可以推展到什麼地步時，傅利曼的看法是：「以這個案例而言，如果他希望追求這些環境權益，他可以自掏腰包。如果他爲追求這些環境權益而影響公司的經營，損及股東權益，我認爲他不道德。不管他的職位看來多麼崇高，畢竟還是股東雇來的人，因此對他們負有非

常強烈的道德責任。」㉓

諾瑪・卡西（Norma Kassi）希望傅利曼的話是錯的，因爲她期盼布朗尼能爲環境做正確的事，即使此舉對他的公司未必最爲有利。對她來說，布朗尼該做或可能會做的事情並非學理的探討——而是攸關存亡。

卡西住在北極圈以北六十英哩育空（Yukon）地區的小村落老鴉（Old Crow）。最近她千里迢迢到倫敦參加BP年度大會，目的只有一個：阻止該公司「到北極圈來毀滅我們。」卡西屬於北極地區吉威欽部落（Gwich'in Nation），這批原住民居住於橫跨美、加邊境的十七個村落，已有數千年的歷史。卡西認爲，在北極坡地（Arctic Slope）海岸平原鑽探石油將會導致北美馴鹿群滅絕，從而摧毀她族人長達兩萬年的悠久生活方式。㉔

海岸平原正下方可能蘊藏龐大的石油與天然氣，取得探勘與開採權的公司獲利可期。一旦美國政府中止該區暫停鑽油禁令，BP是獲得油權的熱門人選。㉕該公司在當地已經扮演重要角色，附近普魯荷海灣（Prudhoe Bay）是全球首屈一指的大型鑽油區。（據太空人回報，這裡夜間亮燈後可在外太空看到）。然而海岸平原也是北美馴鹿群的繁衍區，牠們每年跨越高山、大河、苔原，跋涉四百英哩到此生育下一代。吉威欽的村落就位於鹿群遷徙路徑上，他們賴此為生，延續了數千年之久。馴鹿除了是衣食來源，鹿群的年度遷徙更是族人文化與精神生活之所繫。

在卡西的記憶裡，每年一到春天，家人就會由狗拉著雪橇到苔原上等候鹿群。他們住在冰層上搭起的帳篷裡，地上舖著雲杉枝，爐裡燒著木材取暖，而她的母親會盯著帳篷門上的小孔，注意鹿群的到來。卡西回憶說：「有時候她會跑到外面問烏鴉：『馴鹿在哪裡？』我會看著她，看著她的臉。等馴鹿靠近時我就會知道。」卡西的祖父與其他獵人會追到鹿群後面，獵殺較年老的公鹿，但放過前頭懷孕的母鹿。獵人有時要三、四天後才回到帳篷，然後大家一起盛筵慶祝。當鹿群前往海岸平原途中經過時，族人都懷著虔敬之心注視。卡西形容說：「那是非常神聖的時刻，也是安靜的時刻。你必須向馴鹿致上感謝，我們特別感謝母鹿。我們為牠們祈禱，尤其是女人。我們可以和牠們連結起來，可以感受到她們身為雌性與母親的感受。」㉖

吉威欽人認為在海岸平原鑽油會消滅北美馴鹿群，連帶也消滅他們的生活方式。

BP駁斥了這種憂慮，公司高級主管約翰・戈爾（John Gore）指出：「如果以最高標準進行探勘與生產，對環境的影響可以降到最低，而且能與健康的野生動物族群和諧共存。」㉗根據該公司網站的說法，開發非但不會傷害馴鹿，反而讓牠們繁殖得更為興旺：「每年有一段時間在普魯荷海灣棲息的中極地馴鹿群，自從一九七〇年代中期開發活動展開後，數目已增加六倍以上。」㉘然而不少科學家贊同吉威欽人的看法，認為海岸平原的開發很可能帶給吉威欽人與北美馴鹿重大而且無法回復的後果。他們認為馴鹿勢必得遷徙至鄰近山區，以致新生小鹿難逃遭獵食或餓死的噩運。因此這些科學家的結論是：鹿群將會大幅萎縮。（科學家認為在評估鑽油對北美馴鹿的影響時，中極地馴鹿群的情況並不相干。）數百名科學家加入環境學者、部分美國政界人士、加拿大政府以及吉威欽人的行列，共同呼籲採取「預警原則」（precautionary principle）——這項國際性法律原則禁止可能對人類或環境造成無法回復傷害的活動，即使並無明確證據可顯示傷害會發生——不准在海岸平原從事探勘與鑽油。㉙

布朗尼爵士是目前倡議預警原則的領袖之一。當其他石油業領導人都以「溫室氣體排放導致全球暖化」尚缺乏證據為由，拒不簽署京都議定書之際，布朗尼爵士卻提出了預警原則作為辯護。他認為縱然無法證明，但「忽視接踵而至的事證與關切非常危險……

現在有必要採取預警的行動。」而他也確實簽署了京都議定書，承諾該公司將遵循相關的標準。㉚然而有關海岸平原油礦一事，布朗尼卻似乎不願採取預警行動。雖然已有堅強的科學證據顯示，如果鑽油行動持續，可能危及吉威欽人與馴鹿，但布朗尼卻拒絕了不鑽油的呼籲。㉛

就算布朗尼是個異端，或許也稱得上是當今大企業中最公開倡導社會責任的人士，但他並不是激進或不法分子。他很了解一項公司的定律，即社會與環境價值本身並非目的，只是促進企業績效的策略性資源而已。提及他的綠色方案時，布朗尼強調：「這並不是忽然發現了什麼美德，或是因過去的錯誤而產生的罪惡感，而是關乎長期的自利——我希望是合乎文明的自利，但總還是自利。」他還說，BP的社會責任就是「生意好」；「由務實的商業現實以及不折不扣的企業邏輯所驅動。」該公司的善舉會「有直接的業務利益」，「並不是什麼慈善行爲，充其量可以稱作文明的自利」或「冷靜的現實主義」。布朗尼認爲，「對任何公司的基本測試就是績效。這是最高原則。」㉜

換言之，當社會責任可能損及公司績效時就不宜再談。如果綜合考量所有因素，在海岸平原鑽油是對公司最有利——利潤最大——的長期措施，BP就一定得這麼做。至於是否會對馴鹿群、北極圈生態或一整個原住民部落造成傷害，在公司決策考量中根本無足輕重——至少並不構成公司的目標。不開鑿油田的成本可能極爲龐大，而好處——客戶的好感或正面的公共形象——在相較之下卻顯得微不足道。因此一旦海岸平原開放，只要鑽油有利可圖，BP就絕不會缺席。布朗尼在此事上其實別無選擇，無論他個人對環保的投入如何深入與誠懇，身爲BP執行長，他必然得把公司與股東權益擺在第一位。

拒絕在海岸平原鑽油的成本委實太高。迄今爲止，BP的綠色行動都不算昂貴，而且設計時即已考量要有助於營業績效，同時短期與長期效益要高過成本。例如BP承諾遵守京都議定書的標準，對公司本身並無淨成本可言。㉝其他方案如太陽能發電的加油站、學校方案、市區淨化空氣行動等等，也都是花小錢提升公司環保形象的例子。BP藉這些行動所獲得的好處相當明顯，誠如布朗尼所言，它們打造出一個優於其他公司的形象，提供石油與天然氣消費者一個更環保的選擇。他說：「如果公司能與消費者的興趣與期望一致，績效就得以提升……公司的聲譽就最廣義而言，對本身的商業利益具有直接的影響。」㉞

BP還希望藉環保的形象來取得另一項長期利益。目前仍有大量石油與天然氣尙埋藏地底，布朗尼深知開採這些資源還有大筆錢可賺。只不過消費者可能基於環保的考量而放棄石油與天然氣，改用替代性能源。布朗尼聲稱，他相信可以用不傷害環境的方式來探勘、生產、提煉、配送與使用碳氫燃料，就好比你可以有一輛馬力強、容易開的車，同時也不會破壞環境。他希望消費者也能秉持同樣的信念。雖然BP宣稱自己「超越石油」，也參與太陽能與其他替代能源的研究，但布朗尼綠色方案背後的主要動機，應當還是維持消費者對石化產品的需求：

> 我們的業務在石油市場獨領風騷的日子可能已近尾聲。能源市場上幾乎到處都有新的供應來源。就算在運輸方面，隨著燃料電池（fuel cells）科技的進步，車子很可能會裝設不同的引擎。所以我們應努力競爭，確保石油仍是受到垂青的燃料。㉟

更廣泛地說，對布朗尼與所有大企業領導人而言，社會與環保目標只是，也必須是，促進公司與股東權益的策略，但絕不可能成爲可以合法追求的目標。如果考量公司各項符合公益的措施所能帶來的具體社會與環境利益，上述觀點似乎過於狹隘，但沒有一家公開交易的公司領導人打算承擔更進一步的社會責任，也沒有合法的權限可以這麼做。

輝瑞執行長麥金涅聲稱，他希望輝瑞是爲全世界最多人做最多好事的公司，但他也承認，公司本身的利益才是輝瑞各項善行背後的主要動機，這是不容更改的。麥金涅提到爲富拉興大道地鐵站裝設保全系統時說：「這對公司有相當直接的好處。爲吸引最優秀的人才，我們必須有一個安全的工作環境，一個良好的工作環境，員工必須能利用地鐵上班。所以如果我們旁邊的地鐵站讓人進出時感到害怕，顯然對吸引最優秀人才是個不利因素。」至於輝瑞贊助鄰近的學校以及各項教育方案，其實根據麥金涅的說法，「也與我們本身的成功有關聯。除非我們的人才庫擁有一大批接受過企業、科學與數學上良好訓練的人選，我們不可能在事業上獲得成功。」㊱

同樣地，麥金涅認爲輝瑞免費贈藥方案對公司有好處。他強調此舉成本極低——「我們藥品的邊際成本非常低，所以如果捐藥給原本就不會買藥的人，對公司獲利的影響幾乎是零。」可是輝瑞因而可以得到的利益卻相當可觀。因爲這些方案能博得醫師的好感，而他們正是開處方使用輝瑞藥品的人；這些方案幫助醫師「了解我們和他們同在一起，協助解決他們的問題。」公司本身也可藉以留住優秀員工，因爲公司的士氣、生產力，乃至員工向心力，其實全都繫於公司讓員工引以爲榮。麥金湼指出：「重要的是讓員工知道，我們在別人眼中不僅是高獲利、高成長，同時對社會福祉也有貢獻……同仁們會覺得非常光榮，因爲我們能把必需的藥品提供給那些買不起的人。」㊲

最後，輝瑞還可以把捐贈的藥品列爲慈善捐贈，在報稅時省下稅金。要精確估算輝瑞究竟因此省了多少錢非常困難，麥金湼也不願意透露，不過根據曾榮獲諾貝爾獎的無國界醫師（Doctors Without Borders）組織估計，比起直接透過援助計畫送藥到非洲各國（假設藥廠以優惠價格賣藥給政府），藥廠如果捐贈抗黴菌藥氟可那挫（fluconazole）而取得租稅減免，反而會使美國納稅人得支付四倍之多的金錢。㊳

麥金湼曾說：「我們主要的使命是企業的存續，而這當然需要利潤。」免費贈藥計畫並不妨礙這項使命，反而有幫助——這是因行善而賺錢的典型案例。麥金湼聲稱：「我有能力照顧股東的權益，同時又爲世界許許多多地方做很多好事。我們能兼顧股東與全球窮人的需求。」但假如輝瑞「主要」的使命是企業的存續——促進公司本身的權益——

麥金涅在滿足全世界窮人的需要上又能做到什麼地步？顯然不會太深入，因爲按照他自己的邏輯，顯然也是公司的邏輯，只有對公司有利的免費贈藥計畫才會實施，而對公司不再有利的計畫則會半途喊停。㊴

因此無國界醫師在西非馬利（Mali）進行砂眼防治計畫時，對於輝瑞免費提供的日舒（Zithromax）敬謝不敏，反而花錢進口另一種成分相同的無專利藥品。根據該組織瑞秋・柯亨（Rachel Cohen）的解釋：「假設輝瑞哪天決定撒手不管或計畫縮水……我們要確保該國有需要的人民有藥可用。」其他免費贈藥計畫也都可能遭受藥廠變卦的風險。柯亨指出：「如果股東的優先順序改變，如果媒體的聚光燈不再集中於非洲的愛滋病，假使輝瑞就這麼中止泰復肯（Diflucan）或氟可那挫等抗黴菌藥的捐贈計畫，叫那些人該怎麼辦？」㊵

藥廠對窮人伸出的援手不可靠還不是唯一或最重要的問題，更根本的局限還是源自公司的本質——輝瑞及其股東由治療禿頭或陽萎藥物所賺到的錢，遠超過治療瘧疾與結核病的藥物，而這些疾病是開發中國家最重要的死因。輝瑞與其他藥廠具備技術與產能，足以研發並製造能治癒這些致命疾病的藥物。不過這些藥物雖可造福世界，每年拯救數百萬人的生命，但藥廠的研發的成本幾乎必然超過可回收的報酬。根據柯亨的解釋，這是由於居住於開發中國家的全球八○%人口，僅占全球藥品市場的二○%。（整個非洲只占世界市場的一・三%）反之，其他二○%居住在北美、歐洲、日本的人口，構成八○%的藥品市場。可想而知，一九七五至一九九九年研發的一千四百種新藥中，只有十三種用於治療或預防熱帶疾病，三種用於治療結核病。以二○○○年研發的新藥而言，沒有一種是治療結核病，而有八種是治療陽萎與勃起障礙，七種是治療禿頭。研發治療寵物性格異常的藥物，似乎還比控制每年殺死數百萬人疾病的藥物更爲優先。㊶

儘管社會責任與利害關係人（stakeholder）喊得震天價響，儘管藥廠裡不乏如麥金涅這樣的有心人，儘管各公司有許多冠冕堂皇的方案，儘管有多少人可免於死亡，以營利爲目的公司生產藥品是爲了賺錢，這才是最關鍵的課題。

本章一開始提過，湯姆・克蘭發起設立由地鐵站直通輝瑞工廠的保全系統，但是當他準備向衆人展示成果時，卻遭到失敗的下場，或許我們可以從中學到一課。話說克蘭按下黃盒子上的按鈕，並且呼叫：「喂，喂，我是湯姆・克蘭。」卻不見任何回應，他走到月臺上幾步之外的另一個黃盒子，結果還是一樣，最後他放棄嘗試，大聲質疑原本

該值勤的輝瑞警衛究竟搞什麼鬼。㊷

公司社會責任就像這些呼叫盒子，承諾要對你伸出援手，有時候也的確靈光。不過你不必寄望過高。公司只有在本身有利可圖時才會做好事，因此公司善行有條難以跨越的鴻溝。無論是憂心海岸平原鑽油後果的卡西與吉威欽族人，還是每年因爲治療藥物無利可圖而遲遲不見蹤影，以致死於某些疾病的數百萬人，這就是他們面對的事實。一些重視社會責任公司的嘉言善行，塑造了動人的公司形象，也的確對世界有些貢獻，然而這些都無法變更公司的本質：毫不妥協地追求自利。

公司經營者大多數是善良的好人，他們爲人父母、愛侶、朋友，是社會的中堅分子，往往心懷善意，甚至理想崇高。他們之中有不少人希望改善世界，也相信自己的工作讓他們有機會實現這個理想。然而不管個人天性與抱負如何，身爲公司主管，他們的職責很清楚：永遠要把公司的最佳權益擺在首位，而不應以關懷任何人或事爲出發點（除非表達這種關懷可以增進公司本身的權益）。他們所管理與投資的金錢不是自己的，所以不可以拿來替自己在托斯卡尼買別墅，同樣也不該用來醫治病人、拯救環境或餵飽窮人。

曾任職ABC與CNN等大型媒體，並獲專業獎項的記者丹尼・謝克特（Danny Schechter）對上述觀點有如下的闡述：「公司由人組成，由人作決策，在公司裡工作的並非全是壞人，或一心只想剝削圖利……但另一方面，企業經營自有其邏輯——這些公司自有其邏輯。這表示有些價值會受到重視，而有些則受到忽視。受到重視的價值談的是如何提高獲利。」㊸

根據道德哲學家艾力斯迭・麥因泰（Alisdair MacIntyre）的說法，這樣的情況導致公司主管「充其量只有邊緣化的道德關懷，也就是由公民或由消費者的角色而非主管的角色出發。」沒有企業界人士會否認，他們的決策必定以促進公司與股東權益爲主要考量。固特異輪胎前執行長吉巴拉說：「如果你眞的依著自己的思想和價值觀做自己想做的事，你的行爲會不同。不過身爲執行長，你不能這麼做。」㊹

不過安妮塔・羅迪克（Anita Roddick）卻不這麼想，她認爲正由於企業界與日常生活的道德標準歧異，才使得企業界人士與他們經營的公司受到腐化。身爲美體小舖（Body Shop）創辦人兼主管，她很自豪可以不這麼做——因此她爲自己的著作取名《不同尋常的企業：安妮塔・羅迪克的勝利》（*Business as Unusual: The Triumph of Anita Rod-*

dick）。然而，最近羅迪克看來似乎不再如此信心十足，她說：「最近三年是我人生最痛苦的時刻。喪失了親密感，不再有人聽你說話……這讓人好好學到謙虛的一課。」㊺

羅迪克以在自家廚房製造肥皂起家，一路成長爲美體小舖主管，也名列全球最成功的企業女傑。她一向拒絕把個人價值與她的企業分開，這是美體小舖異於一般企業之處。她說：「我只不過是希望把我的家庭延伸出去，我希望能把我的心帶到工作的地方。我一直讓公司反映我的行爲，就像第二個自我。」美體小舖成爲一個平臺，讓羅迪克展現她革新的世界觀。她認爲：「企業整個的目的就是如果你累積利潤，把它分掉，把這血淋淋的玩意送走。盡你所能爲社會做事，成爲社會的明燈。」方案一個接一個付諸實施，還支持一項又一項的主張——人權、環保、社會正義、女權。㊻

一九八二年，因爲公司需要資金成長，美體小舖開始在倫敦證交所掛牌上市。到了一九九〇年代中期，美體小舖承受來自投資人的壓力，不得不更換管理團隊，並採行新的業務計畫。派屈克·顧爾內（Patrick Gournay）應聘接手，而公司也進行提升績效與效率的改組措施。㊼羅迪克此時負責地指出，這些改變將不會損及公司革新的價值與行動

──「它們目前已制度化，深植於我們一切作爲之中。」不過這時她回顧掛牌上市之舉（必然招致投資人的監督），認爲有如「與魔鬼打交道」。她說：「一旦上市之後，最高的原則就是成長──這是一小撮人的標準，那些追求獲利的投資人有如賭徒……就像在賭場裡。」㊽

關鍵時刻終於來到。當群衆聚集西雅圖抗議WTO之後，仍擔任共同董事長的羅迪克希望美體小舖採取反WTO的立場。這個機會讓她能實踐自己一貫的作風：利用企業作爲展現個人價值的平臺。不過公司拒絕了。根據她的說法：「我希望每家店都起而挑戰WTO，可是他們不答應。」此時羅迪克才明瞭，過去她那家特立獨行、不同流俗的美體小舖已變得再平凡不過。她希望能重新奪回公司的控制權──她說：「我們會再成爲非上市公司，我確信。」──她認爲這是可以讓她和社會責任再度獲勝的唯一方法。㊾

羅迪克接受我的訪談後不久，美體小舖即公開標售，這是獲利劇降與股價下跌後不得不然的動作。雖然她希望有任何可能的買主認同她的社會價值觀，但公司卻清楚表示，羅迪克與她丈夫總計二四%的股權（另一位共同創辦人也持有相同比率的股權）公開接受所有的出價。一位公司發言人說：「他們很了解自己對所有股東的法律、道德、財務上的責任。」一家墨西哥公司原擬以二億九千萬英鎊買下美體小舖，羅迪克夫婦可望因此有四千三百萬英鎊進帳，然而最後因未取得必要的融資而使交易告吹。公司在交易不成後停止標售，並進行改組以提振績效。羅迪克夫婦卸下共同董事長職位，而安妮塔・羅迪克在公司的角色也削減爲顧問，而且是爲期兩年、每年五十五至八十天的合約。新任執行董事長亞得里安・貝拉米（Adrian Bellamy）指出——多半是爲了安撫投資人——羅迪克的公司責任感不再是美體小舖看重的要素：「我們相信社會責任，可是我們對利潤非常在意。我們知道成功是由賺多少錢來衡量的。」㊿

羅迪克的故事說明了公司主管的道德信念與利他動機，最後都必須向公司至高無上的目標低頭。不過這其實還不算最糟糕的部分。公司及其蘊育的文化不僅扼殺善行——還助長、甚至要求惡行。

馬克・巴瑞（Marc Barry）對此知之甚詳，但卻不以爲意。

馬克・巴瑞是一位幹練的情報專家（他說：「我本質上是個間諜」），喜歡將自己比作理想的約會對象。他說：「我喜歡和某個人一起出去好好吃頓晚餐。我的工作裡有太多的勾心鬥角、爾虞我詐，我可不希望私生活裡還有這些。」巴瑞說，工作上他就像個掠食者，幹的是道德性可議的勾當。公司雇他蒐集其他公司的資訊：交易機密、行銷計畫，或任何有用的資料，所以他在工作中撒謊、僞裝、剝削、欺騙。他自承設有一家空頭的人力仲介公司，辦公桌上甚至還擺了假的全家福照片。他打電話給客戶競爭對手的主管，假裝提供更好的工作機會，他大言不慚地說：「那些主管忙著自我表現，根本不知道我其實是代表競爭對手來套他的話……這些全都是精心設下的計謀，想要由他們那裡蒐集到競爭者的資訊。」巴瑞也曾代表一家大型跨國公司客戶，以創投業者的身份和一位年輕的發明家接頭，但目的卻是竊取對方無線電話傳輸影像的技術。對巴瑞而言，日常工作中充滿了唯利是圖與道德淪喪。51

然而巴瑞卻自認是高尚人士，因爲他可以把工作和個人生活之間畫上一條界線。他說：「我不希望個人生活裡扯進這類事。我喜歡純潔一點。」工作上不講道德並不影響個人生活，而生活中的道德意識也不曾對工作起什麼作用。他說：「我可以在邁阿密的商展中偷取某位主管的皮夾，後果可能嚴重到他的公司六個月內就得關門大吉，可是我回家後照樣呼呼大睡。這沒什麼大不了，因爲這是生意嘛。」他還說：「至於你自己過生活的方式，就是要把人生好好地區隔開來。」52

巴瑞之所以覺得心安理得，一方面也是由於他自認並不比那些雇用他的大老闆們更缺德（他透露曾爲四分之一以上的《財星》五百大公司工作）。他說：「如果你是執行長，你以爲他們眞的喜歡你做個好人，而不是把錢放到他們口袋裡嗎？我可不認爲。我認爲人人都要錢，這才是最重要的。」他眼中的企業文化盡是貪婪與罔顧道德，而這正是他的業務得以欣欣向榮的原因。他表示，執行長承受到提高股東價值的壓力，因此公司無所不用其極地增加競爭力。他說：「任何認得我的人都知道，我不介意利用詭計或騙術取得情報。」如果雇用他的執行長要他遵守道德規範，其實含有強烈的示警意味。他說：「我有個綽號叫風箏，意思是你可以把風箏放得高高的，去蒐集你所需要的任何資訊。如果地上颳起暴風，像是發生什麼訴訟或刑事責任之類的事，你只消把線剪斷，一走了之。」53

巴瑞這種道德上公私區隔的生活，正是羅迪克不希望發生在美體小舖的情況，只是她並未成功。她和巴瑞應該屬於道不同不相爲謀的兩種人，不過他們倒有個共通點——認爲公司是不道德的。巴瑞接受現狀，羅迪克卻深惡痛絕，但兩人都承認這是事實。羅迪克譴責「追求最大利益的宗教」導致企業違背道德，也迫使高尚的人做出齷齪的事：「為追求最大利潤，任何事在這個目標下都被合理化……所以雇用童工、剝削廉價勞工、污染環境……在追求最大利潤下都是合理的。開除一萬五千名工人以追求最大利潤也是合理的，不管社會蒙受多大苦痛。」

羅迪克也知道，做出這等行徑的經理人並非妖魔鬼怪，平常可能溫柔體貼，是充滿愛心的父母或朋友。然而，正如哲學家麥因泰所見，這些人將自己的生活區隔開來，就像巴瑞那樣。公司文化允許、甚至強制他們與自己的價值脫離。羅迪克痛陳：「公司阻止我們對人類的狀況感同身受；把我們和眞正的自己隔絕……企業的語言不是靈魂與人性的語言，而是冷漠的語言，充滿了分隔、祕密與階層，讓我們許多人都要變成精神分裂。」㊿

羅迪克上面最後一句話，點出企業主管的雙重道德生活，對此心理學或許比法律或經濟學更能解釋清楚。因此我們請教心理學者也是國際知名的精神病權威羅伯特・海爾(Robert Hare)，據他告訴我們，許多人以企業主管身份所表現的態度以及所做出的事情，其實帶有精神疾病的特性。他指出：「你想摧毀競爭者，或是用什麼方式打擊他們。」

這個觀點與羅迪克或巴瑞不謀而合。「你對一般大衆不怎麼關心，只要他們買你的產品就好。」儘管企業主管必須經常操控或傷害他人以達成公司的目標，但海爾堅信他們並沒有精神病，因爲他們在公司以外表現正常——「他們回到家裡，和家人關係親密良好，他們愛自己的妻子兒女，而且和朋友交往誠懇，並不把朋友視爲可以利用的工具。」因此企業界人士如果能將公司與非公司生活中相互矛盾的道德要求區隔開來，反倒可以輕鬆一點，因爲這種羅迪克口中的「精神分裂」，正好可以拯救他不致變成精神病患。㊺

不過公司本身在精神病診斷中就無法這麼輕易過關。公司本身純然是自利的，無法在任何狀況對他人產生眞正的關切，這是它和公司所屬人員不同之處。因此當我們請海爾博士以精神病特質的清單對照公司的制度特性進行診斷時，他會發現兩者相當符合也就不足爲奇了。海爾博士說，公司不負責任，因爲「在設法滿足公司目標時，對其他人都可以棄之不顧。」公司希望操控每件事，包括輿論，而且公司自大浮誇，總相信「我們是第一名，我們最棒。」缺乏同理心以及反社會傾向也是公司的主要特性，「公司的行爲顯示它們根本不關心自己身後的受害者」，公司經常拒絕爲自己的行爲負責，也不感到後悔：「如果公司犯法給抓到，它們會繳納大筆罰款，然後繼續我行我素。事實上，在許多案例中，比起公司能夠獲得的利潤，那些罰款與懲處根本微不足道。」⑯

最後，海爾博士還指出，公司和其他人只能有表面化的關係——「公司一心想要以贏得公衆好感的模樣出現，但這未必代表它們的眞面目。」精神病患善於運用自己的魅力爲面具，以掩飾危險的自我偏執人格。對公司而言，社會責任扮演的可能就是同樣的角色。公司可以用這個幌子顯示自己多麼誠懇地關懷他人，而事實上，除了自己以外，它根本沒有能力關心任何人或任何事。⑰

就以某家知名的大型能源公司爲例，過去一度曾是社會責任與公司善舉的楷模，每年都出版「公司社會責任年報」。最近一期（可惜也是最後一期）的年報中，公司誓言降低溫室氣體排放，並支持多邊協定以協助防止氣候變遷。公司還進一步承諾把人權、環保、衛生與安全課題、生物多樣化、原住民權益、經營透明化等等列爲公司經營的核心。公司也成立一個編制充足的公司社會責任專案小組，以監督並執行公司的各項社會責任方案。該公司以開發替代性能源以及協助設立「企業永續能源委員會」而感到自豪，同時也爲發生在南美洲的二萬九千桶原油漏油事件致歉，承諾日後絕對不會再發生，並說明已經與非官方環保組織形成夥伴關係，以協助監督相關的營運。該公司還聲稱在各營運據點城市提供社區充裕的支援，捐款補助藝術團體、博物館、教育機構、環保組織以及各種活動，範圍遍佈世界各地。該公司一向榮列美國最佳工作公司的排行榜，也極力推動工作場所的多元化。年報這麼寫道：「我們相信公司領導階層應該在社區服務上以身作則。」58

很不幸地，這家社會責任的典範公司——安隆——將無法繼續以上這些善舉，反而因主事者貪贓枉法的罪行而不支倒地。安隆的事例清楚顯示，公司精心包裝的行善形象與眞正經營之間可能有多大的落差，同時也多少告訴我們，對公司社會責任抱持懷疑態度並非無的放矢。

不過除了讓人質疑公司的社會責任之外，安隆案還給我們上了更重要的另一課。雖然現在大家都責怪該公司傲慢自大，主管道德操守可議，但安隆土崩瓦解的根本原因其實可追溯到所有公司都具有的特性：一意追求利潤與股價、貪婪、不關心別人、罔顧一切法規的傾向。這些特性又源自於公司根深柢固的制度性文化，視自利爲理所當然而蔑視道德。安隆無疑把這些特質發揮到極致——甚至到了自我毀滅的地步——也因而落得惡名昭彰。安隆一開始就具有這些特質其實並不稀奇，而一般人眼中視爲正常的公司特質，一旦發展到極端會有什麼後果，才是安隆案最發人深省之處。雖然輝瑞的麥金涅稱之爲「孤立的個案」，許多評論家也持同樣的看法，但事實絕非如此，這正是公司制度特性的缺陷所引發的病症。[59]

3 外部化的機器

公司帶有精神病患者的特性，既無法辨別是非，也無法依據道德標準行事，以免傷及他人。公司的法律構造中，有關追求自利目標時對他人的作爲並未加限制，甚至當效益超過成本時，會強制它不惜傷害他人，破壞個人生活、傷害社會，甚至危及整個地球。安隆以及其後爆發的企業醜聞，說來也很諷刺，卻危害到公司自身的權益，而公司在法律上唯一應服務的對象——公司股東——也成爲主要受害人。不過企業界中更常見的狀況，是公司的病態傾向而對他人——勞工、消費者、社區、環境——造成習慣性與經常性的傷害。然而這些往往被視爲公司活動無法避免而可以接受的後果——經濟學以外部性（externalities）這一冷靜的專業術語概括稱之。

經濟學家傅利曼解釋說：「外部性是一項交易對第三者造成的影響……這個第三者既未首肯、也未參與這項交易的進行。」因此公司毫無顧忌地追尋自利而對他人或環境造成傷害，就這麼輕巧地讓經濟學者歸類爲「外部性」——字面上的意思就是別人的問題。①傅利曼舉了個通俗的例子來說明：某人的襯衫給電廠排放的煙塵弄髒，他必須爲工廠營運直接造成的影響而支付代價——清洗襯衫的成本以及穿髒衣服造成的不便；擁有電廠的公司卻因省下各種成本而獲益，不用加高煙囪、安裝更好的過濾設備、遷到人口比較稀少的地區，或是花錢採行其他不會弄髒別人襯衫的措施。②

弄髒襯衫只算是小事，根據傅利曼的說法，公司對「整個世界有重大影響」。③雖然有些外部性是正面的——公司追求自利過程中會創造就業機會，也開發出有用的產品——但如果說公司無法克制將成本外部化的衝動，乃是世界上許多社會與環境病症的根源，應該不算誇大其辭。因此公司可能危害深遠，派翠西亞・安得森（Patricia Anderson）就有切身的慘痛經驗。

一九九三年聖誕節清晨，天色仍然昏暗，派翠西亞・安得森作完子夜彌撒，駕著一九七九年的雪佛蘭的馬里布（Chevrolet Malibu）汽車回家，後座是她的四個小孩，年紀從六歲到十五歲。當她將車停下等紅燈時，一輛車撞上她的車尾，車子起火燃燒。安得森與四名子女遭受嚴重的二、三級燒傷（肇事的酒醉駕駛人只受輕傷），有三個小孩燒傷面積超過百分之六十，其中一人手臂還必須截肢。安得森雖然慶幸大家都保住性命，仍對通用汽車（General Motors）提出控告，譴責該公司應爲車輛爆炸起火負責。她的律師指稱，那輛馬里布油箱的防護不足，才無法承受撞擊的後果。④

經過冗長的審判過程，法官發現通用汽車爲了省錢，把油箱安裝在危險的位置。洛杉磯高院法官厄尼斯特・G・威廉斯（Ernest G. Williams）稍後判決該公司有罪，判決書中寫道：「本庭發現清楚而有力的證據，顯示被告將油箱置於此款車的輪軸後方，以獲取最大利潤——而罔顧公共安全。」安得森的馬里布車是一九七九年份，油箱距後保險桿十一英吋，而前一年份較大型的馬里布，油箱距後保險桿有二十英吋。該公司一九六九年有項指示，建議油箱至少距離後保險桿十七英吋。而且一九七九年車款沒有金屬帶扣把油箱與車子後部分隔，這卻是前一年份的標準配備。⑤

審判的證據顯示，通用汽車在設計馬里布以及其他車型時，對燃料導致起火的可能性知之甚詳。一九六〇年代，該公司曾遭控告二十六件油箱起火案子。一九七〇年代初又添了二十五件。一九七二年五月，一位通用汽車的分析人員預測，到一九七〇年代中，還會發生六十件。一九七三年六月六日，就在通用開始規畫安得森駕駛的那款較小型馬里布之際，公司管理階層邀請設計部門的工程師艾德華・C・艾維（Edward C. Ivey）分析通用車輛的燃料起火問題。艾維不久之後就呈上一份名爲〈汽車燃料起火相關死亡之價值分析〉的報告。⑥

在艾維的報告中，對通用車輛每年發生的五百件油箱起火所造成的人命損失，估算通用每件法律賠償金額平均爲二十萬美元，兩者相乘即得到油箱起火造成的總成本，再除以當時全美道路上行駛的四千一百萬輛通用車子，就得到每輛車平均負擔的油箱起火致死成本爲二・四美元。其計算公式如左：

$$\frac{500\text{ 件死亡}\times 200{,}000\text{ 美元/件}}{41{,}000{,}000\text{ 輛}}=2.4\text{ 美元/輛}$$

據該公司估計，如果要確保油箱不因撞擊而爆炸，每輛車需投入的成本爲八・五九美元。換言之，如果不變更油箱設計而聽任油箱起火事件發生，公司每輛車可以節省六・一九美元（八・五九美元減二・四美元）。⑦

法官指出，陪審團認定通用汽車的行徑是把利潤置於公共安全之上，不但應受道德的譴責，而且觸犯相關法規。安得森及其子女（還有車上另一位友人）總共獲判一億零七百萬美元的損失補償以及四十八億美元的懲罰性損害賠償，成爲產品責任官司有史以來最高的賠償金額。在稍後的判決中，總賠償金額降爲十二億美元，而通用汽車已向加州上訴法院提起上訴。⑧向來代表大企業發聲的美國商業部支持這項上訴行動，而且提出一份簡報，贊同公司決策中引用成本效益分析。根據商務部的看法，法院的判決是「不智之舉」，會造成「重大困擾」，因爲箇中所傳達的訊息是：「製造商在設計產品時不應進行成本效益分析」；同時暗示成本效益分析是「卑劣的」。商務部宣稱，成本效益分析乃是「公司良好行爲的標記」，「其中蘊含的邏輯無懈可擊。」⑨

商務部說的不錯，成本效益分析是公司決策的核心。一位法律學者也說：「製造商［在類似安得森對通用汽車案例中］或可爲自己的決策辯解，所持理由是安全性提高的淨效益，不及成本的增加或另行設計造成的損失。」⑩在公司現有的組織成分下，在公司無法克制自身財務利益至上的衝動下，公司主管所制定的決策，全都要符合效益高於成本的原則。他們無權考量決策可能損害其他人，如安得森與她的子女，或對自然環境有什麼影響，除非這些影響對公司也有負面作用。哲學家麥因泰指出：「主管一旦在工作中，就必須將公司目標視爲理所當然，只具有技術性的意義。他必須精打細算，以最經濟有效的方式運用現有資源，以最低成本產生收益。成本與效益的權衡比較，不僅是主管的工作而已，也是企業的本質。」⑪

雖然艾維在提交通用汽車的報告中提到：「主觀而言，人命其實超乎價值以外，根本不可能賦與一個價值。」但他也明白，爲了分析起見，他同樣不可能「不」賦與人命一個價值。身爲分析人員，奉公司之命提供相關資訊，以供決定油箱位置的成本效益分析之用，他的任務是「以客觀方式」估計人命的價值，也就是評量其貨幣價值。⑫

然而安得森案的法官卻拒絕隨該公司制式的假設起舞，而選擇以人類道德尊嚴的觀點來審判通用汽車。商務部向加州上訴法院呈交的文件中，指陳這是法官的錯誤，因爲他們「並沒有充分的背景，可以就涉及複雜工程課題的案件進行精確的風險效用評估；……看到受傷的原告在眼前，有時候使他們偏離了正題；……他們往往阻止任何對人命賦與金錢價值的嘗試；……太容易受到高明的原告律師引導，而產生傳統上生命神聖的感受，並把平衡風險–效用的考量視爲卑劣的麻木不仁。」換言之，商務部認爲法官錯在接受生命自有它本身的價值——接受家庭、愛、友誼、歡樂等等使生命有意義的無形因素。言下之義似乎也認爲法官太講人性，因爲他們判定通用汽車不人道，同時拒絕把生命視爲一種數字遊戲。⑬

通用汽車並非特例，在所有公司的決策過程中，生命無形的豐盈與脆弱在抽象的成本效益分析中全都被視若無物。查爾斯・克納罕（Charles Kernaghan）在探視多明尼加一座垃圾場時，對此有第一手的感受。

克納罕發現，跟在垃圾車後邊，然後倒出垃圾加以過濾，是找出全球化新經濟的工廠所在的好方法，也可以弄清那些工廠裡的眞實情況。克納罕是國家勞工委員會（National Labor Committee）主席，該委員會旨在阻止美國公司利用血汗工廠（sweatshops）的廉價勞工，他們監督的工廠位於工資低廉而勞工易受剝削的赤貧國家。隨著國際貿易法規自由化以及通訊與運輸技術更新，公司享有更大的彈性，因而這類工廠成爲西方工業國家輕工業生產的大本營。⑭這類工廠地點隱密，由主其事的公司（大多爲歐美公司）嚴密守衛。克納罕指出，「他們把這種血汗工廠藏在全球各地，拒不透露工廠名稱與地址，因爲在鐵門深鎖、警衛森嚴的刺網之後，更容易剝削十多歲的青少年。」⑮

在多明尼加一處垃圾場中，克納罕的挖寶行動大有斬獲，發現了一個裝有耐吉（Nike）內部訂價文件的箱子。文件中包含一些算式，其冷血程度絲毫不遜於艾維的報告。公司的目的是儘量壓榨開發中國家血汗工廠那些年輕女孩，以獲取最大利潤。舉例而言，襯衫的製造給區分爲二十二個步驟：五個步驟裁剪原料，十一個步驟縫製衣服，六個步驟縫好標籤、掛上吊牌、裝入塑膠袋以供出貨。每項任務都分配一定的時間，精細到以萬分之一秒爲單位。如果把所有時間加總，每件襯衫算起來最多只能花費六・六分鐘，換算起來每件襯衫的勞動成本只有八美分，但在美國，一件襯衫的售價是二二・九九美元。⑯

克納罕把這些訂價文件形容爲「剝削的科學」，在冷酷的計算下，掩蓋了工作要求所帶來的苦痛與不幸。克納罕訪視過的典型工廠，不論在尼加拉瓜、宏都拉斯、中國或孟加拉，四周都圍有鐵絲網。在深鎖的門內，警衛監視以年輕女性爲主的勞工，常藉各種細故羞辱她們，而且一旦強制驗孕結果爲肯定，立即予以開除。每個工人重複同樣的動作——縫鬆緊帶、縫袖子——一天可能達兩千次。他們在刺眼的燈光下工作十二到十四小時，廠房酷熱不堪，上廁所的時間不夠，喝水也受到限制（以免她們多上廁所），水質更是惡劣到根本不宜飲用。克納罕形容那些工廠老闆：「他們不希望你有感情，不希望你會作夢。」年輕的女性「工作到二十五歲左右就會被解雇，因爲不再有利用價值。她們已經被榨乾，人生就此告終。公司會雇另一批年輕女孩來取代她們。」⑰

克納罕目睹過開發中國家的種種狀況——有些簡直帶有超現實意味，就像他曾在宏都拉斯公路上看到一輛漆有「南安普頓校區」的校車，載著學童到一家工廠替蓋普（Gap）縫製成衣——但他記憶中最感震驚的時刻卻發生在一九九〇年代中期紐約曼哈頓五十一街與麥迪遜大道交叉口。他藏身在那裡的一棟建築物內，身旁跟著一名如驚弓之鳥的十六歲女孩，這個發育不良的血汗工廠女工名叫溫蒂・迪亞茲（Wendy Díaz）。他們兩人的視線緊盯著對街聖派屈克大教堂的門口，對於接下來將發生的事怕得要命。⑱

兩人首次碰面是在宏都拉斯泛美公路上的一家小吃攤，大約離迪亞茲工作的工廠一百碼。迪亞茲和一群年輕女工不堪工廠惡劣的工作環境，設法和克納罕連繫上，希望與他見面。克納罕同意在小吃攤碰頭，結果屆時大約出現了五十個人。他們在木頭圍籬後找到一個自認相當隱密的地點，不過克納罕回憶說：「我們正準備開始，突然闖進來三個傢伙，模樣十分凶狠。」女工們說那些人是密探，倉惶拔腿而逃。

等那三個人走後，有些女工偷偷回來，把捏在手心裡的薪水條交給克納罕。他回憶說：「大家都走了以後，我把手中的東西打開來看，結果看到的是凱西・李・吉福（Kathie Lee Gifford）的臉孔。」原來薪水條上印有她們代工品牌的標記。這是克納罕第一次知道究竟是誰在剝削迪雅茲以及那家工廠的其他女工。答案就是銷售凱西・李・吉福系列服裝的沃爾瑪（Wal-Mart）。克納罕跟沃爾瑪以及吉福聯絡，說服他們與他會面，聖派屈克教堂就是雙方選定的地點。⑲

克納罕與迪亞茲早早來到，但因不知吉福這位知名大人物會有什麼刻薄的手法而惴惴不安，於是兩人跑到對街先躲藏起來。他們看到吉福在一票身著深色西服男士簇擁下現身，走到教堂入口。最後他們好不容易鼓足勇氣，出面赴約。迪亞茲在吉福面前現身說法：她如何從十三歲就起在宏都拉斯的血汗工廠爲美國公司縫製成衣——每天工作十三個小時，工資微薄，受盡警衛人員的羞辱與毆打，每天晚上要和朋友穿過黑漆漆的街道回家，沿途靠吹口哨或唱歌壯膽，希望不會受到歹徒侵襲，然後飢腸轆轆地上床睡覺。克納罕回憶說：「這輩子最令我驚訝的事發生了，這位有權有勢的大人物靠過來說：『溫蒂，請相信我，我眞的不知道有這種狀況存在。現在既然我知道了，我會和妳站在一道，而且我會和這裡的其他人一起努力，絕不讓這種事情再發生。』」⑳

當天晚上他們就與吉福起草並簽署了一項協定，吉福承諾停止利用血汗工廠，支付工人合理工資，並允許獨立檢查人員視察，以確保工廠符合人權與勞工法規。

然而克納罕確信，沃爾瑪雖然首創對供應商實施第三方監督（third-party monitoring），但目前仍繼續利用開發中國家的血汗工廠。他指出，沃爾瑪在中國有四千四百家左右的供應商工廠，幾乎可確定有很高比例屬於血汗工廠。《商業週刊》的一項調查也支持這種說法，因爲到一九九九年爲止，生產凱西・李手提包的一家中國工廠，工人全年無休、每天工作十四小時，平均工資是一小時三美分，而且如果有什麼抱怨，就會遭到毆打、罰錢與開除。㉑因此克納罕當初和吉福簽下協定時，仍對未來情況是否眞會大幅改變感到懷疑，也就不足爲奇了。據他的推測，公司方面對這項協定的反應大概是：「你們算什麼東西？要我們付足夠生活的工資？這可不是我們這套制度運作的方式。」㉒

而這套制度的確不可能如此運作。公司具有類似精神病患的人格，生來就要剝削他人以獲利，這是公司唯一的使命。由這種觀點出發，迪亞茲以及全球因貧窮與飢餓交迫而在惡劣工作環境中賺取微薄工資的工人，與其說是「人類」，還不如說是「人力資源」。對罔顧道德的公司而言，他們只不過是能生產最大利潤的工具而已。喬姆斯基說：「這些工具遭到的待遇可能像一片金屬——需要的時候拿來用，用完就扔掉。如果你能這樣把人類當工具，那麼採用一些效率化措施會更有效率……這些措施立基於摒除人性上。你必須摒除人性。這是該制度的一部分。」㉓

這並不表示經營公司的人沒有人性。克納罕對他訪視程過中遇到的公司主管有如下評價：「那些人會是好鄰居……如果你親身接觸，會發現他們相當高尚。」然而他們必須遵循公司摒除人性的法則。克納罕指出：「整個結構、整個制度就這麼把每個人全拖下水。」結構的核心是一個簡單的動力：公司「愈有辦法讓其他人爲自己對社會所帶來的衝擊買單，往往就愈賺錢，」企業家羅伯特・孟克（Robert Monks）如此形容。「經濟學家用一個可怕的字眼來稱呼這種現象：『外部性』。」㉔

孟克指出：「公司是外部性的機器，一如鯊魚是殺人機器……其間全無仁慈或意願問題；公司天生如此，鯊魚天生如此，那些特性讓它們去執行被賦與的任務。」正因如此，孟克指出，公司「對社會有極大的潛在破壞力。」孟克並不屬於對公司批判最力的社運人士、激進派或知識分子，相反地，他是美國最重要、最具影響力的企業家之一，算得上是企業界的最核心人士。他曾經協助整頓與經營不計其數的《財星》五百大公司與銀行，擔任過共和黨政府的顧問，並兩度代表共和黨參選緬因州參議員（但兩次都失利）。他設立並經營一家國際投資公司。孟克對企業界從透徹而全面的角度觀察，不禁為他所看到的現代公司企業感到憂心。㉕

孟克回想起他首次了解到公司弊病何在的時刻。那是一九七〇年代初期的選戰期間，他住在某個小城的汽車旅館，睡到半夜忽然驚醒過來，只覺得眼睛灼熱。當他起身往窗外一看，不禁大吃一驚，只見旅館旁的河流中有堆積如山的白色泡沫順流而下。第二天早上他向旅館人員詢問昨晚的事，對方告訴他：「每天晚上紙廠就把這些東西倒進河裡……難道你不知道？我們就是這麼處理紙廠的廢水。」孟克認識該城許多人士，包括市長、紙廠的員工和老闆。他說：「我知道，他們沒有人希望汙染河川，沒有一個人。

可是，我們卻看到排放污水的情形每個晚上都發生。」㉖

孟克自承，從那時起他就了解，公司這個他過往曾奉獻生命的機構，其實是一臺「毀滅機器」。他現在相信：「公司的問題是，它雖然存在於由人類組成的世界裡，其運作機制全然不曾考量有血有肉的人類所關切的事情。我們在追尋財富與繁榮的歷程中，創造了一個終將毀滅我們自己的東西。」㉗

另一位成功的企業家雷・安德生（Ray Anderson）也同意孟克的看法。他形容公司是「當今的毀滅工具」，因爲只要公衆疏於注意，公司就無法克制地把任何成本外部化。安德生創立並經營的英特費司公司（Interface, Inc.）是全球最大商用地毯製造商。他和孟克一樣，也是在事業有成後才倏然驚覺畢生投入的公司機構眞正本質爲何。在此之前，他從未想過在製造產品時，我們究竟從地球拿走了什麼，又對地球做了什麼。現在他領悟到：「我們以爲可以一直拿走、拿走、拿走，浪費、浪費、浪費，反正沒有什麼關係，這種想法正驅使生態圈走向毀滅。」㉘

安德生還記得他對公司的信念產生改變的時刻。那是一九九四年夏季，當時環保已成爲主流課題，許多客戶開始詢問英特費司在環保上有何作爲。安德生回憶說：「我們沒有答案。其實眞正的答案是『做的不多』。」當時安德生對公司提不出答案並不擔心，不過公司的其他人卻不同。爲了回應他們的關心，他成立一個任務小組，調查公司的全球環境立場，也同意發表演講，闡述他個人的環境願景。㉙

不過安德生很快就查覺自己面臨窘境。他說：「我根本就沒有環境的願景可言……我開始著急了，老天，我該怎麼講呢？」在匆促蒐集資料與觀念時，他開始閱讀一本生態學的著作。他在書中看到「誕生之死」(the death of birth) 這個名詞，指的是物種滅絕。他還記得：「那就像一支尖矛刺進我的胸膛，我繼續讀下去，矛就鑽得愈深，結果最後成爲一種開悟的經驗，我的心態全盤翻轉，信念也隨之改變。」今天的安德生提及自己身爲公司領導人的地位時說：「我們全是罪人，全是罪人。有一天像我這種人會鋃鐺入獄。」過去他和大多數企業領導人深信不疑的觀念，如今卻被他視爲帶有危險的偏差——「自然是無窮無盡的，地球蘊藏無限資源，就像無底的水缸，可供我們傾倒毒物與垃圾」；「我只要管這輩子就好，也許到退休就好，至於這輩子以後的事就隨他去吧」；「市場這隻看不見的手自會解決所有事情」。不過安德生現在相信，單靠市場無法有效扼制公司損人利己的傾向，因爲市場對於外部性——也就是可以外部化而轉嫁他人的成本

——視而不見。㉚

企業人士莫不心知肚明，公司設計上就是要把成本外部化，孟克與安德生的獨特之處，就在於他們擔心這種設計造成的後果，而不是爲它帶來的好處沾沾自喜。他們認爲公司之所以罔顧對民衆、社會或自然環境可能造成的傷害，其實經過刻意規畫，甚至是相關法規下必然的產物。任何成本只要能夠讓別人負擔，就可以讓自己獲益，這是提高利潤的捷徑。安得森一家因車禍而遭燒傷是外部性，迪亞茲受到剝削與虐待也是外部性。這些個案與其他成千上萬件反映企業黑暗面的案例——從印度波帕爾(Bhopal)毒氣外洩與艾克森·瓦岱茲號（Exxon Valdez）漏油事件，到層出不窮的工人職災傷亡與環境持續遭破壞——無一不是我們爲公司道德缺失所支付的代價。㉛

一九一一年三角襯衫工廠（Triangle Shirtwaist Factory）慘案，堪稱公司極端漠視員工權益的案例。這家工廠位於紐約曼哈頓下城的成衣區，工人多爲年輕的女性移民。老闆爲了不讓她們擅離工作崗位而降低生產效率，把她們全都反鎖在屋內。結果火災發生時，工人無路可逃，有人跳窗摔死，有人給活活燒死，總共死亡人數爲一百四十六人。

其實早在兩年前，六萬名紐約市成衣工人在甫成立的國際女性成衣工人工會（International Ladies' Garment Worker's Union）號召下走上街頭，抗議血汗工廠、低工資與不安全的工作環境，這就是所謂的「大革命」（The Great Revolt）。受到三角襯衫工廠大火案的刺激，五十萬人走上街頭抗議，而工會也持續施壓，要求給予工人法律保障。不過直到一九三八年羅斯福總統時代頒布《勞動基準法》（*Fair Labor Standards Act*），血汗工廠、童工與家庭工廠才算遭到禁止。

目前依然適用的《勞動基準法》屬典型的管制性法規系統，旨在解決、或至少緩和公司外部性的問題。這套管制系統對公司剝削人民與環境的作爲設定法律的限制，並對違規公司加以處罰，涵蓋範圍包括勞工權益、環境標準、消費者保護等。理論上，公司及其主管應該從此不得再從事罔顧社會責任的行爲。不過和許多立意良好的理論一樣，落實時往往淪爲空談。

在此只舉一個例子，就足以說明《勞動基準法》經常不被成衣業者當一回事。最近在曼哈頓成衣區一棟容納八家血汗工廠的十層樓建築，我們又看到工人準備跳窗逃生的景象，不禁令人聯想到三角襯衫工廠的大火。火勢源自地下室的儲物間，濃煙在建築物內流竄，嚇壞了上面的工人，然而逃生出口不是鎖上就是給雜物堵住，灑水系統沒開，而且大樓內沒有逃生標誌與灑水器。十樓一名皮革工人跑到窗邊，設法由窗邊垂下的布繩逃生，然而在一月嚴寒的氣溫下，他失手墜落到旁邊的屋簷上而摔斷脊椎，不久即告死亡。㉜

雖然有《勞動基準法》的嚴格禁止，血汗工廠在北美並未絕跡，每一家都可能是下場火災的受害者。㉝克納罕指出：「血汗工廠自一九三八年本來已在美國消失，但現在卻捲土重來，而且來勢洶洶。紐約市成衣廠有百分之六十五是血汗工廠，在七千家工廠中有四千五百家，雇用工人五萬名，平均每小時工資只有美金一、兩塊。」㉞洛杉磯也好不到哪裡，城市南端聚集的成衣血汗工廠，密集程度可能是全美、甚至世界之冠，計有十六萬名左右的工人，其中不少是弱勢的非法移民。根據美國勞工部的調查，當地符合《勞動基準法》有關最低工資、加班與童工規定者只有百分之三十三——換言之，百分之六十七的成衣業者並不遵守法律規定。㉟

這種把違規當家常便飯的情形並非只見於成衣業，整個經濟中到處充斥公司違法事例。許多大企業都從事違法行爲，有些公司的記錄甚至令前科累累的慣犯也自嘆不如。

[36]以聲譽卓著的奇異（General Electric，以下簡稱ＧＥ）這家全球最大的公司爲例，以下是《跨國監督》（*Multinational Monitor*）整理出該公司一九九〇到二〇〇一年的重大違法情事：[37]

一九九〇年三月二十三日：謝弗斯維爾，肯德基州：ＧＥ與其他公司應清理印刷電路板對土壤與水源的污染。

一九九〇年三月二十七日：威明頓，北卡州：ＧＥ歧視檢舉公司不符安全規定的員工，罰款二萬美元。

一九九〇年五月十一日：艾德華堡／哈德遜弗爾斯，紐約州：ＧＥ應清理哈德遜河的印刷電路板污染。

一九九〇年七月二十七日：費城，賓州：ＧＥ未履行與政府國防合約，罰款三千萬美元。

一九九〇年十月十一日：瓦特弗，紐約州：ＧＥ矽產品工廠污染，遭罰款十七萬六千美元。

一九九一年五月二十日：華府：ＧＥ為空軍與海軍不當測試飛機零件，應支付一百萬美元損害賠償。

一九九二年二月二十七日：阿倫城，賓州：ＧＥ因核電廠設計瑕疵，應支付八千萬美元損害賠償。

一九九二年三月四日：橘郡，加州：ＧＥ處理印刷電路板違反工安法規，罰款一萬一千美元。

一九九二年三月十三日：威明頓，北卡州：ＧＥ違反核燃料廠安全法規，罰款二萬美元。

一九九二年五月二十二日：伊利諾州：ＧＥ因核電廠設計瑕疵，應支付六千五百萬美元損害賠償。

一九九二年七月二十二日：華府：ＧＥ涉及非法出售戰機給以色列的洗錢與貪污，罰款七千萬美元。

一九九二年九月十三日：芝加哥，伊利諾州：ＧＥ因飛機墜毀應支付一百八十萬美元損害賠償。

一九九二年十月十二日：納許維爾，田納西州：GE因燈泡廣告不實，應支付十六萬五千美元損害賠償。

一九九二年十月二十七日：華府：GE因國防合約中超收款項，應支付五十七萬六千二百一十五元損害賠償。

一九九二年五月十二日：華府：GE對以色列非法出售戰機，應支付一千三百四十萬美元賠償予告密人。

一九九三年三月二日：瑞佛賽，加州：GE傾倒工業化學廢棄物，應與其他廠商共同支付九千六百萬美元損害賠償。

一九九三年三月十一日：葛羅夫市，賓州：GE應與其他廠商共同清理礦區。

一九九三年七月十八日：哈德遜弗爾斯，紐約州：GE應清理哈德遜河的印刷電路板污染。

一九九三年九月十六日：紐約：GE因印刷電路板污染哈德遜河，應賠償漁民七百萬美元。

一九九三年十月十一日：舊金山，加州：GE應就不實燈泡廣告，撥款三百二十五萬美元退還消費者。

一九九四年二月二日：培瑞，俄亥俄：GE就培瑞核電廠缺失與各公用設施公司達成和解。

一九九四年三月十四日：艾德華堡，紐約：GE應清理哈得遜河的沉澱物污染。

一九九四年九月十四日：華府：GE因國防合約超收費用，罰款二千萬美元。

一九九五年九月二日：瓦特弗，紐約州：GE因污染空氣與哈德遜河，罰款一百五十萬美元。

一九九五年九月十五日：布蘭頓，佛羅里達州：GE因地下水污染罰款十三萬七千美元。

一九九六年九月九日：瓦特弗，紐約州：GE違反清潔空氣法，罰款六萬美元。

一九九六年十月七日：韓得松威爾，北卡州：GE應清理污染的土壤與地下水。

一九九六年十月八日：庫克郡，伊利諾州：GE爲解決愛荷華州西歐克斯市墜機事件，應支付一千五百萬美元。

一九九七年二月二十二日：索默沃斯，新罕布夏州：GE與其他公司應清理地下水與自來水的污染。

一九九八年二月：瓦特弗，紐約州：GE因污染罰款二十三萬四千美元。

一九九八年四月二十日：瓦特弗，紐約州：GE因污染罰款二十萬四千美元。

一九九八年十月：英國：GE因清理石綿與相關污染訴訟，應支付二十億英鎊。

一九九八年十月二十六日：波多黎各：GE與其他公司應清理自來水污染。

一九九九年一月二十四日：芝加哥，伊利諾州：GE因不當收帳方式，應退還消費者一億四千七百萬美元。

一九九九年八月十九日：匹斯凱塔威，紐澤西州：GE與其他公司應清理地下水污染。

一九九九年九月二日：馬爾文，賓州：GE與其他公司應清理地下水污染。

一九九九年九月十七日：莫洛，紐約州：GE因印刷電路板污染自來水，應與建飲用水系統。

一九九九年十月九日：匹兹菲爾德，麻州：GE應清理哈德遜河印刷電路板污染。

二〇〇〇年十月十八日：紐約：GE與其他公司應清理土壤污染。

二〇〇一年一月：紐約：GE與其他公司因保險抵押超收款項，應退回四百萬美元。

二〇〇一年二月四日：紐約州：州最高法院裁定GE以欺騙手法誤導消費者在瑕疵品回收後購買新洗碗機，但卻提供商業用客户更換的零件。

在公司的世界裡，違法事件比比皆是，主要應歸咎於公司獨特的結構。在設計上，公司的形式通常保障擁有或經營公司的人免於法律責任，因此公司這個視法律約束如無物的法人遂成爲犯罪訴訟的主要標的。

由於股東只負有限責任，所以毋需爲公司所犯的罪行負責，等於擁有免負法律責任的擋箭牌。至於董事往往因未直接涉入可能導致公司觸法的決策，傳統上也受到保障，甚至連公司的決策主管，除非可證明乃是公司不法行為的「指使者」，否則法律也會放他們一馬。由於公司決策通常涉及眾多各方人士的參與，同時法庭往往將公司的行為歸諸「法人」，而非真正經營公司的人，所以要證明主管是公司不法行為的指使者並非易事。

在絕大多數案件中，公司本身因而成為最現成的控訴對象。誠如十八世紀英格蘭大法官艾德華・佘洛（Edward Thurlow）所言，由於公司「沒有可以挨罵的靈魂，可以被踢的身體」，因此處罰公司往往收效甚微。公司正如精神病患，絲毫不覺得有守法的道德責任。身為法官兼法律評論者的法蘭克・伊斯特布魯克（Frank Easterbrook）與法學教授丹尼爾・費謝（Daniel Fishel）一篇合著的文章中指出：「只有人類有法律責任感，至於公司的法律責任感不會高過一棟建築物、一張組織圖或一份合約書。」㊳

對公司而言，遵守法律像其他任何事情一樣，也不過就是成本與效益的考量。孟克指出：「我們一次又一次在美國看到同樣的問題：是否遵守法律，取決於這麼做是否划得來。如果給逮到被罰的機會低於循規蹈矩的成本，大家會認為這只不過是一個商業決策。」主管在決定是否要遵守某項法規時，「其實是一種理性的行為，他們的決策符合成本與效益的考量。他們會評估：處罰是什麼？被抓到的機率多高？這樣加總起來的成本

如何？遵守法規的成本是多少？兩者孰高？」㊴

法學教授布魯斯・威林（Bruce Welling）對這套邏輯作了以下的闡釋：

> 務實的觀點是，罰款是企業經營的一項額外成本。某項行爲縱然遭禁，但只要其預期獲利超過罰款金額乘上被逮住並受罰的機率，就很難完全禁絕。以現行罰款的平均水準而言，大多數情況下都不可能發揮嚇阻作用。如果考量防止累犯情事，這個現象就更爲明顯。因爲公司只要有過一次受罰經驗，日後就更學到該如何掩飾自己的行徑。㊵

說也諷刺，公司追求自利的使命乃是法律規定下的產物，卻促使其走上違法之路。沒有任何公司可以自外於這套本質性的邏輯，就連那些自稱具有社會責任的公司也不例外。以下我們就再來看看英國石油的例子。

二〇〇二年八月十六日，一位英國石油的技師唐・舒加克（Don Shugak）巡迴該公司阿拉斯加普魯荷海灣油田，檢查油井漏油等問題。他還有一項額外任務，就是讓一座關閉整修的油井重新啓用。雖然工程師們明知油井還有些問題，而且一旦啓用後壓力會過高，但他們還是向舒加克發出許可通知。於是舒加克打開活門，重新開啓油井，然後就離開了。幾個鐘頭後，他回來按例行程序釋出鑽油頭的壓力。他只記得打開油井房間的大門，之後就是一片模糊。他覺得呼吸困難、耳鳴、雙腿痳痺，好不容易爬到自己停在一旁的卡車後面，躲過隨即發生的大爆炸。他回憶說：「我開始用手肘一寸寸往前爬。我想用翻滾的方式，因爲手肘太累了，可是我的腿老是纏在一起。」還好有位同事聽到爆炸聲後，從遠處看到近四十呎高的沖天烈燄，於是急忙求助。舒加克說：「我幾乎不覺得自己受了傷，我沒有任何感覺，只知道每件事都不對勁。每個人講話都是輕聲低語。」㊶

兩週後，舒加克才在西雅圖一家醫院的燒燙傷中心清醒過來，全身百分之十五灼傷，斷了一條腿，而且膝蓋與脊椎嚴重受傷。他還能存活算是運氣。㊷

舒加克的許多同僚將此一意外歸咎於公司長期以來不遵守維修與安全法規，其實之前他們對此已經表達過不滿。一九九九年，他們曾致函執行長布朗尼，聲稱公司未能「遵循法令規章的要求」。㊸他們指出，一九九八年漏出一千二百加侖石油與數千立方呎油氣的事件，與一個漏氣的活門脫不了干係。這樁意外被公司列爲最嚴重等級，也就是在員工傷亡與環境破壞上可能造成重大後果。這些員工警告：「只消一個火花，工廠就可能完全付之一炬。」㊹在這一事件的檢討報告中，建議採取預防性維修方案，檢查所有類似活門，必要時予以更換。其實早在五年前，阿拉斯加州負責監督活門的管制機構也已經提過類似的建議。㊺不過根據英國石油員工的說法，兩項建議都未能施行，活門仍有洩漏之虞。一直到三年之後，州政府檢查員還發現英國石油某一鑽油平臺的潤滑墊襯有三分之一不合格，未達管制的標準。㊻

就在舒加克事件發生前不久，一群英國石油的員工與該公司的法庭觀護人聯繫，指控公司違反一九九九年的緩刑命令。這項命令是由阿拉斯加法庭發出，認定該公司「罪行重大，明知故犯，未立即公告已將一種有害物質排入環境中。」因爲該公司有兩年之久默許一家包商違法代爲處理有害物質。結果該公司被處以最高額的五十萬美元罰款，並交付「組織緩刑」。緩刑條件包括該公司應實施「最佳環保措施，以有效保障員工、公衆與環境，並遵守各項法令與管制要求。」㊼但公司員工在致觀護人信函中卻控訴，「英國石油的營運……無疑不符政府法規」，並列舉無數違規案例，其中不少與安全活門有關。

然而對英國石油而言，管制標準似乎只不過是成本效益分析中的因素之一而已。和各大石油公司一樣，英國石油是以「每桶成本」爲基準來配置各油田的營運預算。因此隨著油田產能下降，預算也隨之緊縮。就獲利觀點來說，這樣做相當合理，但就安全與維修的觀點，英國石油的作業人員威廉·柏凱特（William Burkett）在參議院阿拉斯加石油委員會作證時指出：

這種作法很快就嚴重打擊經理人維護油田設備的能力，主要的原因在於產量下跌前的產油設備大都仍在使用。事實上，爲因應油田趨於成熟而生產下滑，公司會添加更多設備，開挖更多油井。結果導致設備不但沒有減少，有時還會增加，而且隨著年限老化，維修的需求也提高。然而在此同時，由於產量下跌，操作與維修設備的預算卻跟著削減。

一九八八年，普魯荷油田的產量開始下跌，於是「每桶成本」這套危險的邏輯分析隨即登場。柏凱特指出：「倫敦方面知道該怎麼樣繼續讓財源廣進——砍。砍預算、砍員工人數、砍工資、砍備用零件、砍維修、砍監督——砍就是了！」一九九二年，英國石油展開裁員方案，預計最終要裁減普魯荷油田三分之一的員工，原因是沒有足夠的技師來監督與維護老舊的設施，確保符合管制標準。㊽

有鑒於舒加克的意外事故，負責監督英國石油公司營運的阿拉斯加石油與天然氣保護委員會（Alaska Oil and Gas Conservation Commission）舉行聽證會，決定是否需要制定新的法規，以保障工人與環境不致因油井維護不力而遭殃。然而就算實施新法規，結果會有什麼不同嗎？柏凱特不作如是觀。他說：「如果執法不能落實，所有的法規都不會有什麼效果。」根據《華爾街日報》近期一篇報導，阿拉斯加油田的執法的確還是有嚴重的問題：

> 阿拉斯加的立法機構爲討好石油業，將負責管理油田安全的州立機構架空……石油安檢人員在資源缺乏之下，難以執行任務。由於轄區幅員廣大，又有三千五百座

油井，五位檢查員表示，他們必須事先與石油公司安排好實地訪視行程，才不會千里迢迢來了之後，卻發現相關人員或設備剛好不在。但據其他產油各州檢查人員的說法，這樣一來根本無法收到突擊檢查的效果，而這正是讓石油公司恪守法規的最重要法寶……阿拉斯加的檢查人員只能信任石油公司。㊾

在今日的經濟中，整個管制體系經常因法規寬鬆與執法不力而無法運作。除非這個情況能夠改觀，否則民衆、社會與環境未來仍將承受原本可以避免的災禍。由於公司損人利己的傾向，我們所有人都必須付出這樣慘痛的代價。

4 民主股份有限公司

公司是帶有精神病患特質的機構，慣於將攔阻去路的障礙去除。各種限制公司任意剝削民衆或自然環境的法規，正屬於公司必欲去之而後快的障礙，過去二十年來，公司在這方面的努力成效相當不錯。公司及其領導人經由游說、政治獻金與精心設計的公關活動，已經扭轉政治體系以及大部分輿論的立場，轉而改採反管制的立場。正因如此，原本保障人民與環境免受公司危害的法律力量受到削減。當然，企業對管制的反對並非始自今日，而可追溯到國家開始行使管制力量之初。在這段歷史中最為驚心動魄的一刻，大概要算一群銀行與企業大亨共同密謀推翻羅斯福總統，以一位法西斯獨裁者取而代之，因為他們認為羅斯福在管制的計畫上走得太過頭。這段祕辛聽來宛若驚悚小說，但卻是千眞萬確的事實。

一九三三年春羅斯福接任總統後不久，隨即推出新政（New Deal）。這套管制法規與執行機構規模之大爲前所未見，目標在於強化政府對大公司與銀行的管制。新政反映的是羅斯福總統的信念，認爲唯有以看得見的政府慈愛之手取代市場看不見的手，才可能終結經濟大蕭條。在這種精神下，羅斯福總統簽署各項法案，賦與勞工新的權利與保障，減免農民債務，並提供投資人公平與透明的保證。他日後對這些措施有如下的說明：

新政的「政」，意指政府將採取具體行動達成承諾過的目標，而不再袖手旁觀，坐待一般經濟法則發揮力量。而「新」則意指一套以造福農民、工人與商人等廣大群衆爲宗旨的新秩序，取代特權者的舊秩序，因爲現有分配狀況已經令人完全無法忍受……我們不能只是在那裡期盼［憲法］理想能夠落實，而應該運用政府的手段與力量主動爭取……因爲美國體制的理想，在於保障個人免受濫用私人經濟力量的影響，而新政將堅持扼阻這種力量。①

新政的確做到這點——扼阻公司的自由與力量。許多企業領袖贊同羅斯福，認為新政乃是挽救資本主義所必需，尤其面對當時勞工反抗情緒高漲以及經濟崩潰的局面；然而有些人卻憤憤不平，相信羅斯福的方案將會搞垮美國的資本主義。這就是為何有一群人打算推翻他的政府。

一九三四年八月二十二日，羅斯福上任後一年多，而希特勒甫於三天前正式成為德國獨裁者。功勛卓著的前美國海軍將領、也是備受舉國愛戴的史梅利・達林頓・巴特勒（Smedley Darlington Butler）走進費城貝勒維旅館的大廳，和一位叫做吉拉德・麥桂爾（Gerald MacGuire）的人會面。麥桂爾是一次大戰退伍軍人，以銷售債券為業。兩人簡短寒暄之後，麥桂爾告知自己是奉一群企業家之命到此，希望說服巴特勒將軍募集軍隊攻占白宮，並自任美國的法西斯獨裁者。②

相較於「白宮所散播的種族仇恨」——套句赫伯特・胡佛（Herbert Hoover）對新政的評語——當時不少企業家倒很欣賞法西斯主義。眼看墨索里尼與希特勒分別在義大利與德國大幅減少公債、抑制通膨、壓低工資、控制工會，而羅斯福卻反其道而行，把他們心目中的叛徒引為同夥，準備摧毀美國的資本主義。一九三四年七月號《財星》雜誌中，極力頌揚法西斯主義的優點以及墨索里尼締造的經濟奇蹟，專刊作者賴爾德・荀茲波洛（Laird Goldsborough）寫道：「優秀的新聞記者必定在法西斯主義中察覺到這個民族某些古老的美德，不論它們是否恰巧也在自己的國家風行。」③

事實上，不少美國公司因爲替希特勒效力而獲得暴利。通用汽車（當時由杜邦家族掌控）擁有的德國汽車廠亞當歐寶（Adam Opel AG），在通用主管協助下於一九三七年轉型爲兵工廠，替德國陸軍生產卡車，包括三噸的「歐寶閃電」（Opel Blitz）卡車，成爲德國閃電攻擊波蘭、法國與蘇聯的主力工具，同時也爲德國空軍製造轟炸機引擎。④近期在通用汽車一則電視廣告中，誇耀該公司的卡車在二戰期間支援聯軍修築道路與橋樑的事蹟：「有人說我們舖設了勝利之路」——卻絕口不提爲敵軍生產卡車的那段歷史。

IBM——套句該公司副總裁艾文・瓦道斯基—柏格（Irving Wladawsky-Berger）所言，「如果客戶需要協助，我們立即起身」——當希特勒爲納粹的種族滅絕與奴工方案尋求協助時，他們果眞立即起身。IBM提供電腦前身的霍勒里斯製表機（Hollerith tabulation machine）給納粹，這是一種利用打孔卡片進行運算的設備。《IBM與種族大屠殺》（*IBM and the Holocaust*）一書的共同作者艾得溫・布萊克（Edwin Black）說：「紐約總部對第三帝國用這些機器從事什麼勾當一淸二楚……知道這些機器普遍用在集中營內，也知道猶太人會遭屠殺。」IBM的技師保養機器，IBM的工程師訓練客戶，IBM供應機器所需的卡片。根據布萊克的說法，這種狀況至少維持到一九四一年美國對德宣戰爲止。⑤

IBM與納粹共事的動機，布萊克認爲：「完全與納粹主義無關……而一直是爲了利潤」。這正符合公司不講道德的本質。公司沒有能力由原則或意識形態來評價政治體制，如法西斯或民主的優劣，在法律上它唯一該關心的問題是某種政治體制符合或有礙自身利益。據彼得．杜拉克說，他曾與當時IBM老闆湯瑪斯．華特森（Thomas Watson）不止一次討論此事，而華特森對與納粹合作持保留態度，不過倒並非因爲認定這麼做不道德，而是他對公關事務相當敏感，擔心此事會造成業務上的風險。同樣地，一九三九年任通用汽車董事長的亞弗列德．史隆（Alfred Sloan, Jr.）似乎也不在意公司與納粹合作的道德問題，他爲對德投資辯護時聲稱，德國子公司很賺錢，而且德國內部政治事務「不應被視爲通用汽車管理階層的事。」⑥雖然回顧美國公司協助納粹的行徑令人感到震驚，但別忘了今天還是有許多美國公司不斷和集權與獨裁國家做生意——同樣地，也是爲了有利可圖。⑦

回顧一九三〇年代，一些美國頂尖公司厚顏無恥地與法西斯獨裁者合作，還有許多企業家深信美國政府威脅到資本主義制度，因此我們不難理解爲何會有一批企業領導人密謀醞釀把國家變爲法西斯獨裁。從他們的觀點來看，去除民主體制也是一項正當合理的企業方案，因爲民主可能危及公司完成它們的使命。巴特勒將軍應該是執行任務的理想人選，至少麥桂爾與那批幕後人士如此認爲。

巴特勒是資深的共和黨員，也是極具魅力的演說家。身爲著名的戰爭英雄——全美四位曾兩度接受國會榮譽勳章的人士之一——巴特勒的軍旅生涯大多在亞洲與中美一帶爲保護美國企業利益而戰。他曾致力爲退伍軍人爭取更好的待遇與更高的給付，因此備受他們推崇要號召退伍軍人。所以若要率領退伍軍人進占白宮，巴特勒應該是不二人選。

麥桂爾早先已與巴特勒見過幾次面。一年前他曾自行造訪巴特勒位於費城的住宅，聲稱是一批退伍軍人的代表，邀請巴特勒到即將舉行的美國軍團大會上演講。麥桂爾隨身攜帶這項演講的講稿，內容是團結退伍軍人，反對羅斯福放棄金本位（gold standard）的決定——此項政策勢必會大幅提高銀行成本。巴特勒不明白退伍軍人爲何要管金本位的事，因此拒絕了麥桂爾的請求。幾個月之後，一九三三年九月麥桂爾又在紐澤西遇到來軍團分會發表演講的巴特勒。兩人在巴特勒旅館房間會面時，麥桂爾舊事重提，邀請巴特勒在芝加哥發表有關金本位的演講。據巴特勒的說法，麥桂爾把大把鈔票攤在床上，供他做爲旅費。他記得自己這麼告訴麥桂爾：「你趕快把錢收起來，免得別人進來看見，因爲我根本不想和這件事有什麼牽扯。」⑧

兩人幾週後在貝勒維旅館碰頭時，巴特勒對於麥桂爾背後的人物已有所了解，主要是根據麥桂爾自己透露的資訊。根據巴特勒日後的陳述，其中成員包括華爾街一家重要證券經紀商的老闆兼摩根保證信託（Morgan Guaranty Trust）、安納孔達銅業（Anaconda Copper）、固特異輪胎、伯利恒鋼鐵（Bethlehem Steel）等各家董事的格瑞森・墨菲（Grayson Murphy）。還有一位是有錢的銀行家羅勃・克拉克（Robert Clark），麥桂爾應巴特勒會見幕後支持者的要求，曾介紹他與巴特勒見面，他向巴特勒表示，不惜動用自己三千萬美元財富中的一半，以保障另外一半財富不致遭羅斯福剝奪。另外還有一位是約翰・戴維斯（John Davis），一九二四年曾代表民主黨競選總統失利，後來擔任J・P・摩根公司（J. P. Morgan & Co.）律師。

麥桂爾與巴特勒會面的地點在貝勒維旅館已歇業咖啡廳僻靜的一角。麥桂爾一開頭就說他過去半年都在歐洲，對兩人後續談話內容巴特勒有如下的回憶：

他說：「我出國考察國外退伍軍人在建立政府時扮演的角色。我在義大利待了兩、三個月，研究義大利退伍軍人的地位以及法西斯政府的成立，結果發現他們是墨索里尼背後的支持者……然後我到德國觀察希特勒的動作，發現他整個力量也是來自軍人組織……接著我到了法國，看到了和我們打算成立的一模一樣的組織，也就是超級軍人的組織。」他還告訴我這個法國組織的名稱，不過我記不得了。反正我永遠也不會唸那些字。不過我知道這是一個由所有軍人組織成員組成的超級組織，包括士官與軍官。他告訴我，這個組織有五十萬人左右，每個人手下有十個人，所以總計握有五百萬張選票。他還說：「我們現在打算在美國這麼做——設立同樣性質的機構。」⑨

麥桂爾告訴巴特勒，幕後人士的構想是成立美國版的火十字軍（Croix de Feu）——

也就是巴特勒唸不出名字的法國軍人組織——並由巴特勒擔任領導人。他們認爲巴特勒手握重兵，應該可以要求羅斯福任命他擔任國務總長，一個類似助理總統的新職位。接下來再以羅斯福健康不佳爲託辭，由巴特勒掌握國家實權，讓總統形同傀儡。麥桂爾還指稱，如果羅斯福拒不配合，巴特勒的軍隊就把他推翻。

新聞記者保羅・康利・法蘭區（Paul Comly French）也曾訪談過麥桂爾，內容與巴特勒的陳述相符：

在訪談時，他不斷談到需要有位所謂的「白馬騎士」，就是騎著白馬奔馳而來的獨裁者。他說那是唯一的出路；不是透過武裝部隊的威嚇，就是透過權力下放，再運用一群有組織的退伍軍人，這樣才能挽救資本主義制度。

「他愈聊愈起勁，還說：『我們可以先和羅斯福搭配，然後再把他弄下來，就像墨索里尼處理義大利國王一樣。』

「這和他告訴巴特勒將軍的說法一致。他們會找人擔任國務總長，要是羅斯福能配合當然最好；否則他們就會把他趕走。」⑩

麥桂爾告知巴特勒，召募軍隊並配置裝備的經費不成問題，現成已有三百萬美元，未來必要時還有三億美元可動用。他說支持者已經開始行動，要設立一個檯面上的組織，負責爲這項計畫提供祕密的財務與實質支援。三週之後，一個名爲「美國自由聯盟」的組織成立，宗旨是「打擊激進主義，教導尊重個人與財產權利的必要性，並且普遍扶植自由的私人企業。」聯盟的財務長墨菲正是麥桂爾的老闆，主要的金主是克拉克，還有來自J・P・摩根與杜邦公司（DuPont）的人負責執行，而戴維斯則列名全國執行委員會。其他金主包括不少美國大企業：皮坎（Pitcairn）家族、安德魯・梅侖合夥公司（Andrew Mellon Associates）、洛克斐勒合夥公司（Rockefeller Associates）、E・F・赫頓合夥公司（E. F. Hutton Associates）、通用汽車的威廉・紐森（William Knudsen）以及V・皮攸（V. Pew）家族。⑪

然而，麥桂爾一夥人在挑選領導人時犯了致命的錯誤。朱爾斯・亞徹（Jules Archer）在《奪取白宮的陰謀》（*The Plot to Seize the White House*）一書中，曾評論道：「他們挑了錯誤的人選，實屬極端不智。」⑫無論這項陰謀或其背後的主使者，恰好均爲巴特勒所不齒。他年輕時在國外戰場上勇敢打仗，現在則懷抱同等的熱誠，致力於打擊國內的虛矯之風。他已領悟到戰爭乃是公司貪婪的產物，軍人並非爲什麼崇高理想而戰，只不過爲利益而戰。一九三一年八月二十一日，就在首度遇見麥桂爾的前兩年，他在康乃迪克州的美國軍團大會上曾語出驚人：

> 我有三十三年的時間……充當大企業、華爾街與銀行家的高級打手。簡單來說，我是替資本主義收保護費……
>
> 一九〇九年到一九一二年，我協助肅清尼加拉瓜，以便布朗兄弟(Brown Brothers)的國際銀行進駐。一九一六年，我爲美國石油業平定墨西哥，特別是坦皮柯(Tampico)。一九一六年，我爲美國糖業而進入多明尼加。我協助海地與古巴乖乖就範，好讓國家城市銀行（National City Bank）的小子可以順利賺錢。我參與蹂躪好幾個中美洲國家，爲的是華爾街的利益……
>
> 一九二七年，我協助標準石油(Standard Oil)順利進入中國……我幹盡這類勾當。我獲得各項榮譽、獎章與升遷……我可以給艾爾．卡邦（譯按：Al Capone，當時美國黑幫首腦）一些建議，他最好能在三個城市經營。海軍陸戰隊在三大洲都有活動。

⑬

為了保護美國公司利益不受威脅，巴特勒曾經對許多國家動用軍事力量，但他現在並不想在美國國內如法炮製。一九三四年十一月二十日，他在衆議院反美活動委員會（Un-American Activities Committee）於紐約舉行的祕密決策會上揭發了這樁陰謀。當時他已經盡量蒐集到最多資訊，而且也核對過自己的說法與同樣在委員會上作證的法蘭區相符。委員會經查證後，發現巴特勒陳述的要項均屬確實，因此於一九三五年二月十三日將調查結果呈報衆議院：

> 在過去數週內，本委員會接獲證據顯示，特定人士企圖在國內建立一個法西斯組織……
>
> 無疑地，這些嘗試業經討論與規畫，而且一旦相關金主認爲時機成熟，可能就會付諸行動。
>
> 本委員會由兩度獲美國國會授勛的史梅利・D・巴特勒將軍（已退役）處取得

證據。他在委員會作證時提及與一位吉拉德・C・麥桂爾的談話，據稱後者曾提議在巴特勒將軍領導下成立一支法西斯軍隊……

麥桂爾矢口否認這些指控，但除了有關設立法西斯組織的陳述，委員會業已證實巴特勒將軍所有的相關陳述。不過麥桂爾出國考察各種具法西斯特性的退伍軍人組織時，與其在紐約的主使者羅勃・克拉克的通信中，可以找到與此相關的佐證。⑭

由於巴特勒拒絕與麥桂爾等人合作，加上委員會明確證實了巴特勒的指控，因此這項對白宮奪權的計畫很快煙消雲散。

該委員會共同主席約翰・麥孔馬克（John McCormack）於一九七一年接受亞徹採訪時回憶說：「巴特勒將軍說的絕對是事實。陰謀者對新政深惡痛絕，因爲那是爲人民的利益著想，而不是爲有錢人的利益，所以他們願意花大鈔票把羅斯福趕出白宮。這些人在情急之下決定參考歐洲的辦法，希望將其引進美國。他們派麥桂爾到歐洲研究法西斯組織。」當亞徹問及，美國是以多近的距離與法西斯主義擦肩而過時，麥孔馬克回答說：

如果巴特勒不是那麼愛國，如果他們能保密，那麼考量當時情況，這項陰謀大有可能得逞……如果陰謀者除掉了羅斯福，情勢會如何發展就很難說。他們當然不會明白告訴民衆他們正在做什麼做，而會讓一切看起來都符合憲法規定，因爲有位名聲良好的人擔任獨裁者，而且還有一個看似符合美國標準的方案。一如希特勒的例子，組織嚴密的少數人永遠可以勝過無組織的多數人。⑮

距這場失敗政變七十年後的今天，又有一群組織嚴密的少數人威脅著民主制度。美國公司數十年來長期而耐性地爭取主控政府的努力，已逐漸取得勝利。比起過去那批陰謀者魯莽的嘗試，他們的行動要安靜得多，而最終也獲得更大成效。不經流血政變，不費一兵一卒，也不靠法西斯強人，美國公司憑藉金錢而非子彈，即將實現過去陰謀者處心積慮想爭取的目標：不受民主制度控制的自由。

二〇〇二年七月二十四日，賓州九名礦工誤掘鄰近積水的坑道，導致洪流大量湧入。雖然他們奇蹟似地逃過此劫，卻被困在地底二百四十呎的積水坑道內，焦急地等待救援。

他們在遭困七十八小時後獲救。布希總統一週後飛抵礦坑所在地，讚揚這些礦工的勇氣與毅力適足以代表九一一恐怖攻擊後所有美國人的表現。他說：「他們堅定地守在一起，彼此安慰，這正代表我們國家目前普遍瀰漫的新精神——那就是只要有一個人受苦，所有人都感同身受；那就是爲求成功，大家必須團結一致；那就是只要共同努力，我們可以達成遠大的理想與崇高的目標。」⑯諷刺地是，當初羅斯福也是受到類似情感的激發，從而堅定他對政府管制的信念，其中就包括對煤礦安全的管制。

一九四一年在羅斯福總統任內，美國國會授權聯邦礦業局可進入礦場檢查可能的安全問題，大幅強化保障礦工安全的管制體系。當時礦業局已成立近三十年，但以往的權限卻僅止於蒐集資訊與進行研究，至此才得以首次貫徹法定的安全標準。到了一九五二年，國會通過「聯邦煤礦安全法」，賦與礦業局更多權限，除了開立並執行違規通知外，檢查人員如發現立即性危險，可下令礦場關閉，而且礦場每年都必須接受檢查。這項法規在一九六〇年代末期進一步強化，並在一九七七年爲「聯邦礦業安全與衛生法」所取代，將所有對礦業的保障整合爲單一的新法，同時設立礦業安全與衛生署（Mine Safety and Health Administration，簡稱MSHA）取代原有的礦業局。在這個新機構成立的頭十年，每年礦場死亡人數由二百七十二人降爲八十六人。⑰

近年來布希總統採行的一些措施，可能導致礦工安全的保障倒退。他在上任第一年的預算案中就削減MSHA編制，遭當時民主黨占多數的國會所否決。到了二〇〇三年的預算案中，布希又削減MSHA煤礦執法方案中四百七十萬美元的經費，包括減少六十五名專任人員與停止礦工肺部X光檢查方案，以及縮減檢查活動、技術調查、追蹤監督、教育、訓練與技術協助等等。由於新國會中共和黨議員過半，這些措施似乎通過有望，不過後來在美國礦工聯合會（United Mine Workers of America）強力游說下，參院撥款委員會表決恢復了這筆四百七十萬美元的預算。目前布希二〇〇四年的預算中，又建議削減執行煤礦安全標準經費六百三十萬美元。⑱就算最後並未眞正削減，MSHA的檢查總長在二〇〇二年一月表示：「MSHA［由於先前的經費削減］無法完成法定的檢查。」礦工聯合會主席約瑟夫・緬恩（Joseph Main）指出，礦場每年應檢查四次的法律規定很少能眞正做到，而且就算做到，往往也是敷衍了事。⑲

桂溪（Quecreek）煤礦的災變事後經過調查，可能係由於礦工使用不正確的老舊地圖。由於地圖中標識的積水舊礦坑位置錯誤，與正確的地點有三百英呎的誤差，才會導致礦工的誤掘。桂溪煤礦的經營者，是ＰＢＳ煤礦（PBS Coals）的子公司黑狼礦業公司（Black Wolf Mining Company），就在桂溪意外的前兩年，該公司經營的另兩個煤礦也發生過類似的淹水災變。如果主管機構人手充足並發揮功能，桂溪的礦工理應會拿到正確的地圖，而也就可以免受這場可怕的災變。⑳

除了礦業以外，整個政府管制體系中削減執法機構經費的情況日益普遍，雖然用意未必是要解除對公司行為的管制，但事實上卻造成了這樣的效果。縱然法定標準未變，但執法機制一旦受到破壞，難免導致成效大打折扣甚至蕩然無存。

上一章提過阿斯加油田的監督機構以及勞工部預算遭到削減的例子（後者導致勞動基準法難以有效執行），其他如環保署㉑、職業安全與衛生署（Occupational Safety and Health Administration）㉒、證管會㉓等機構近期都遭到點名，對其職權所轄的公司行為疏於監督而造成社會損失。

除了管制機構預算削減外，相關管制法規遭到廢止的現象也可以普遍看到。原本用以保障公眾權益不受公司不當行為侵害的法規範圍縮小，有的完全廢止。這種趨勢的貽害由安隆案中看得再清楚不過。

二〇〇〇年十二月七日加州首度停電時，沒有人想到安隆是罪魁禍首。此後半年內，這樣的事情又陸續發生了近四十次。許多人將電力供應突然短缺歸咎於管制過度，並建議解除管制。二〇〇一年一月，當時的總統候選人布希聲稱：「如果有任何環境管制法規妨礙到加州獲得電廠百分之百最大供電量——據我所知可能確有其事——那麼我們就該解除這些管制。」㉔另一位也是出身德州的共和黨參議員菲爾・格蘭姆（Phil Gramm）則譴責那些「把極端環保主義和州際保護主義看得比一般常識與市場自由更重要的人」，指稱他們是問題的根源。㉕

最後終於證實，電力系統故障的主要原因，是安隆透過極爲成功——也相當昂貴——的活動，讓政府解除了對其營運的監督。㉖

簡言之，安隆的案例正說明公司如何運用政治影響力，擺脫政府對營運的限制，再濫用因而獲得的自由從事不當但有高度獲利空間的交易。一九九〇年代，該公司主管——主要是前執行長肯尼斯・雷伊（Kenneth Lay）——砸下重金從事政治運作，居然使這家原本不起眼的輸油公司改頭換面，成爲重量級的能源交易商。該公司成功游說包括加州在內的好幾州解除電力市場管制後，又開始運作將能源期貨交易解禁。

一九九〇年代初，安隆與其他幾家能源公司極力爭取免受商品期貨交易法束縛，不需向主管機構商品期貨交易委員會（Commodity Futures Trading Commission，簡稱ＣＦＴＣ）揭露公司的期貨合約資訊。一九九二年十一月七日，就在柯林頓擊敗競選連任的老布希總統一週後，由溫蒂・格蘭姆（Wendy Gramm）主管的ＣＦＴＣ接到這些公司的陳情，要求ＣＦＴＣ放棄監督能源期貨交易的職權。當時她以及委員會中其他由老布希總統任命的成員都是即將卸任的「跛鴨」，更何況她還有利益衝突之嫌——她的丈夫德州參議員菲爾・格蘭姆正是安隆政治籠絡中主要受惠者。然而溫蒂・格蘭姆卻把這樁陳情案列入委員會議程，並在一九九三年一月以二比一的票數通過。此後，能源期貨交易就不再受ＣＦＴＣ監督。

委員會內獨持異議的席拉・布萊爾（Sheila Blair）當時就指出：「這立下了一個危險的先例。」有十八年資歷的衆議員葛倫・英格利許（Glen English），也是衆議院主管ＣＦＴＣ小組的召集人，直斥這是「我所碰過最不負責任的決定」。格蘭姆在送交此案後六天——也就是柯林頓就任的那天——辭卸公職，並在一個多月後獲聘爲安隆的董事。[27]

雖然在格蘭姆護航下，能源交易商擺脫了CFTC的監督，但依法還是只能在紐約商品交易所（New York Mercantile Exchage）等受管制的拍賣進行交易。由於這些拍賣必須向主管機構呈報價格、數量這類資訊，所以安隆等廠商事實上仍受到監督。一九九九年，安隆開始針對這個問題正面出擊，投下一百萬美元以上的重金，游說取消拍賣監督的規定。這是一項艱鉅的任務，因爲總統金融市場工作小組（President's Working Group on Financial Markets）不久之前才決議，能源期貨交易仍應在受管制的市場進行，以避免供給與價格受到人爲操控。不過該公司仍然不死心，又砸下更多鈔票進行游說，而且得到老友格蘭姆參議員進一步的助力。他在二〇〇〇年提出商品期貨現代化法（Commodity Futures Modernization Act），將拍賣管制的規定廢止。當時紐約商品交易所主席丹尼爾·拉帕坡特（Daniel Rappaport）就指出：「如果這項法案經過公開討論，絕無過關的機會。」法案在參院內遲遲沒有動靜，但後來由格蘭姆參議員在更動編號與名稱後重行提出，終於夾帶在一項撥款法案中獲得國會通過，並在二〇〇〇年十二月二十一日，由已成跛鴨的柯林頓總統簽署成爲法律。㉘

安隆贏得了勝利，可以在自己的交易室自己進行拍賣，躲過政府的監督與公衆的耳目。該公司趁此良機，瞄準加州能源市場爲操控標的。透過一連串高明的狡計——由公司內部對這些方案的暱稱，如「死亡之星」、「矮冬瓜」、「胖小子」等等可以窺見其邪惡的本質——該公司以人爲方式製造能源短缺，使得電價水漲船高，而公司也因此獲得暴利。二〇〇〇年十二月商品期貨現代化法實施之後的六個月內，加州就經歷了三十八次停電，在此之前回溯到二〇〇〇年五月能源危機開始出現時，總共也只停過一次停電。消費者運動倡導人拉夫・奈德（Ralph Nader）的公共市民（Public Citizen）組織對此有如下的評論：「菲爾・格蘭姆解除商品管制的法律，使得安隆控制了加州的電力，坐收數十億美元的額外收益，卻迫使數百萬加州居民好幾百個小時無電可用，還得支付超高的天價。」

二〇〇一年六月十九日，聯邦能源管制委員會（Federal Energy Regulatory Commission）對加州電力市場設定嚴格的價格控制，這類缺電危機終於告一段落，而現貨價格也應聲暴跌八成以上。安隆不曾料到自己無法再在市場呼風喚雨，原本預期電價將維持高檔而簽下價值數十億美元的合約，如今價值嚴重縮水。公司資金開始大量失血，損失金額愈積愈高。執行長傑夫・史基林（Jeff Skilling）在價格管制施行後不久突然請辭，而安隆也在四個月後申請破產。雖然拖垮安隆的因素衆多，但該公司在加州因不當行徑而自食惡果絕對事關重大。

安隆透過政治運作而成功解除政府對營運的管制，論其布局手段之高明堪稱獨一無二，不過這種策略運用卻並非獨一無二。公司爲保障與提升本身的利益，有時除了發揮影響力之外別無選擇，即使常遭指控以金錢與權勢腐化民主制度也在所不惜。由於政府管制會損及獲利，因此就企業觀點而言，設法解除管制自屬合理的策略。如果公司的主管爲顧全民主制度的健全而拒絕涉入政治運作，就是辜負股東所託，也無法達成促進公司最大利益的法定使命。公司主管的職責不在於保障民主，而是因應民主的不確定性，避免民主可能帶來的障礙。

安妮·韋克司勒（Anne Wexler）是華府頂尖的游說者，客戶名單包括美國航空（American Airlines）、通用汽車與羅氏大藥廠（Roche）這樣的大公司。她曾擔任柯林頓總統公共聯繫室主管，逐漸建立廣泛的人脈網。當她好不容易抽出時間接受我們訪問時，對最近某位客戶的勝利津津樂道。她提起：「昨天晚上，要求提高燃料效率標準的修正案在衆院沒有過關……這是汽車業的勝利，我的客戶也在其中。」汽車業擔心這項修正案會使利潤高的耗油型跑車生產受限，因此投下幾百萬的費用加以阻止。爲反對這項修正案而進行的游說，其實與一般性的游說大同小異。公司游說政府通常是爲了規避管制，有時是希望政府不要引進新的或更嚴格的法規（如汽車業阻止燃料效率標準提高），有時則是施壓政府廢止、削弱或縮減現有管制的規模（例如安隆對能源期貨交易管制的游說）。誠如卡圖研究所主任尼斯卡能指出，公司游說政府主要是基於「防禦性目的，大都係因應政府管制對公司獨立性的威脅。」㉙

公司是從一九七〇年代初期才開始正視這種威脅，因爲當時已可以淸楚看到，過去十年來接踵而至的管制措施——有人稱之爲「新社會管制」，涵蓋環保、人權、勞工與消費者安全等——已然大幅抑制公司的自由與權力，與早年的新政不相上下。公司在一九六〇年代只是乖乖站在一旁，眼睜睜看著民意與政治力量抱持反對的立場，但是現在它們知道反擊的時機到了。這次沒人策畫什麼政變，根據韋克斯勒的說法，因爲大家有了新的認識，「知道華府這裡的許多決策，其實都是直指最本質部分」，因此公司開始在政治上動員起來。各公司在華府設立辦公室，並成立產業組織、游說集團與受產業資助的智庫，以發揮集體的力量。由頂尖執行長組成、深具影響力的企業圓桌（Business Roundtable）成立於一九七二年，當初發起的公司領導人普遍相信，「企業界在一個多元化社會中應該對公共政策的形成扮演積極的角色」，同時有必要確保「政府減少對企業事務的不當干預。」㉚

企業與政府關係自一九七〇年代初期以來經歷重大變遷㉛——根據尼斯卡能的觀察，「原本在聯邦政治中扮演公開要角的公司寥寥可數……大多數公司沒有華府辦公室，也沒有派游說者在那裡。」㉜今天，所有大公司都在美國首府設有辦公室，還有許多產業團體、智庫與代表這些集體利益的游說組織也是如此。

一九七〇年代以來，企業與政府關係的另一項重大轉變，就是公司捐款在選舉制度中的角色與影響力大爲擴增。一九七〇年代中期，最高法院擴大憲法修正案第一條對公司資助選舉的保障，從此開啓公司幾近全盤掌控選舉過程之門。㉝公司資助選舉的邏輯很清楚，就如亞里士多德在《政治學》中所言：「如果官位是花錢買到，那麼應可預期買主會慣於由交易中賺錢。」㉞或者如韋克斯勒所言：「如果某人曾在競選時捐給你好幾十萬，你很難拒之於門外。他們想進到門裡來說明理由，當然會容易得多。」㉟

公司捐款目前成爲政治體系的主要財源，也是企業政治運作的核心策略。以下就是其中一些例子：

・單單在二〇〇二年競選活動中，煤礦業就對政治活動捐款約一百五十萬美元，其中一百三十萬（約八十四%）捐給共和黨。自一九九〇年起，煤礦業的政治獻金總額約一千一百萬美元，其中八百四十萬（約七十七%）捐給共和黨。布希政府如此堅決削減MSHA的預算，或許與此有關。㊱

・布希總統於二〇〇二年設立錢尼工作小組（Cheney Task Force），制定全國能源政策，而曾捐款給GOP（老大黨，亦指共和黨）與共和黨候選人的公司，可以有更多機會接觸這個小組。例如安隆在一九九九至二〇〇二年捐款二百萬美元以上，與小組有過四次接觸；南方公司（Southern Company）捐款一百五十萬美元以上，接觸過七次；艾塞隆（Exelon）公司捐款近一百萬美元，接觸過六次等等。重量級捐款者還可享受其他好處，例如雪弗隆（Chevron）曾建議聯邦政府放寬研發能源方案的核可以及有關能源供應的管制法規，結果提案全部照准。㊲

·一九九九年，GOP主席吉姆·尼可森（Jim Nichoson）致函必治妥施貴寶（Bristol-Myers Squibb）藥廠執行長小查爾斯·韓波德（Charles Heimbold, Jr.），要求二十五萬美元的捐款。信中並提及：「如果我們希望繼續通過有利貴產業的立法，就必須維持溝通管道的暢通。」㊳

·二〇〇一年的國會議員競選活動中，禮來公司（Eli Lilly and Company）捐款給候選人一百萬美元以上，大多數是共和黨籍，結果成爲國土安全法案（Homeland Security Act）一項條款的受惠者。因爲這項條款規定抗菌藥品製造商不必因藥物使用造成的傷害受到法律訴訟，而禮萊正是抗菌藥 Thimerosal（硫柳汞）唯一的製造商。抗菌藥是以水銀爲基底的預防藥劑，用於小兒疫苗，但有可能引發兒童自閉症。不過這項條款引發公衆憤怒與政治壓力，最後仍遭刪除。㊴

不論透過游說、政治獻金或公關活動，公司企圖影響民主制度的理由和當年反羅斯福人士企圖推翻民主制度的理由大致相同：確保政府不致妨礙公司的自由或阻撓它們追求自利的使命。尼斯卡能指出：「大公司……碰到存亡攸關時會無所不用其極，這表示它們在某些情況下會向政府爭取特別的好處。」政治獻金的支出是一種業務費用，也是一種創造有利政治環境的投資，有助於獲利提升與公司的生存。公司按照法定章程不得在缺乏合理預期報酬下花費股東的金錢，因此政治獻金的目的其實與其他投資沒有兩樣：促進公司及其所有人的財務利益。㊵

然而由一般大衆的觀點而言，誠如哈佛商學院的巴達拉可所言：「我們正邁向一種體制，其中公司對政治制度擁有龐大而不成比例的影響力。」民主最低限度應具備參政機會均等的機制，然而當公司——股東財富的龐大集結——在政治過程中行使與個人相同的權利時，卻產生嚴重的不平等。孟克警告說，我們今天面臨一個「岌岌可危的狀況；距離政府遭企業接收已近在咫尺。」他指出：「除非我們密切關注企業主導政府的傾向，否則政府機構大有消失的可能。」㊶

然而許多企業人士似乎認爲，當他們代表所屬公司設法影響政治過程時，只不過是在執行一項公共服務。

韋克斯勒形容自己爲大公司進行游說的工作是「教育人民」。她解釋說：「國會議員事務繁忙，很難了解每天發生的每件事。我們的工作就是讓這些決策人士至少能夠對相關課題有所了解。」公關巨擘博森－馬斯特拉的執行長柯米沙耶夫斯基也認爲自己的工作符合重要的公共目的，雖然其中不乏代表公司反對環境或其他與公共利益相關的法規。他說：「我們所做的事，是出自尊重一個人應該擁有可參考的資訊、再做出正確的決策……我相信，尊重個人做出正確決策乃是溝通的根本，而這顯然也是博森－馬斯特拉執行業務方式的根本所在。」

針對該公司遭指控在政治領域享有不公平的利益，柯米沙耶夫斯基答稱：「我根本不認爲有什麼不公平。每個人都有同樣的機會累積資源來和別人分享你的觀點……有很多資源可以協助人們分享他們各自的觀點。」㊷

輝瑞的執行長麥金涅也同樣相信，當他代表公司游說政客時，其實有助於提升公共福祉：「當我游說時，我希望能改變政府政策，讓公司與大衆雙贏。」他也說該公司的政治獻金「其實相當微不足道；這些並不是多麼大筆的錢，而且老實說，也算是人民參與國家政策辯論的方式之一」——用意也在提升公共福祉。他說：「我們希望選出了解國家需要並能爲大家爭取福祉的人……他會支持正確的政策……能明智地參與政治過程。」他說輝瑞的政治獻金並沒有「給我們帶來任何特殊的回報。」問及是否認爲自己對政治不當干預？他不以爲然。他說：「我根本不覺得我有多大的權力。我可以設法去影響思考過程與政策，但速度非常緩慢。」㊸

然而能夠代表一般人民權益、站在對立面的游說者又在哪裡？爲爭取他們的權益而必須投入的龐大金錢又在哪裡？說來悲哀，幾乎完全看不到。

韋克斯勒、柯米沙耶夫斯基與麥金內的看法一致，認爲游說與政治獻金乃是公共服務，並非對政府的不當影響，而這種信念很可能源自他們對企業與政府之間的適當關係有更深刻信念。韋克斯勒表示：「今天的公司基本上認爲自己是政府的夥伴……並不是政府的對頭……覺得企業是受迫害者的態度，大致已經消失……大家現在了解，必須把政府當成合夥人，必須和政府合作……基本上，企業／政府的關係是一種互利共生的關係。」㊹

輝瑞的麥金涅對此也有同感。他說：「未來進步的關鍵是夥伴關係。幾乎任何社會活動中，合夥都是最佳的成功之道。如果你認爲某些事只是聯邦政府、州政府或市政府的事，就會錯失一種經證實相當有效的方式，也就是公、私部門之間的合夥方式。」㊺

「企業與政府是合夥關係」，現在經常被雙方領導人反覆掛在嘴邊，而認爲順理成章。乍看之下，這個觀念言之成理而且平淡無奇，但進一步思考後才會發覺箇中的眞義。

合夥人之間應該地位平等，一方不應有權壓過另一方或管制一方，也不該對另一方行使主權。合夥人對使命與目標應有一致的看法，並且共同解決問題、規畫行動方案。另一方面，民主制度卻有階層化的必要。人民透過自己選出的政府而對公司擁有主權，並非與公司居於平等地位；他們有權決定公司該做什麼、不該做什麼。如果公司與政府眞的變成合夥人，我們不免要擔心民主政治的前途，因爲這意味著政府實質上放棄對公司的主權。㊻一九三四年那批企圖政變人士所追求的，正是大企業與政府的合夥關係，他們希望巴特勒將軍——大企業利益的代表人——成爲羅斯福總統共治美國的「合夥人」，擔任國務總長或助理總統之職，再伺機奪權成爲獨裁者。今天許多公司與民主的政府平起平坐，而非居於其下，十分類似當年企圖政變者規畫巴特勒與羅斯福總統併肩而立的地位。公司領導人相信，就治理社會而言，他們合法的角色乃是政府的合夥人。

基於同樣的思維，他們認爲政府管理公司的法定角色應該淡化。既然公司與政府在爲公衆利益服務上是夥伴關係，那麼應該讓公司自我約束即可——至少主張廢除管制者的論點是如此。輝瑞的麥金涅說：「雖然有些管制有其必要，以期能確實維持最低的標準。但在大多數情況下，企業界最佳的作法其實遠遠超越政府的管制。事實上，我們倒看到許多例子是因管制過度而對產業造成傷害。」根據華府公共事務委員會（Public Affairs Council）主席平克罕（Douglas G. Pinkham）的看法，公司現在可以自律，所以應該「讓它們可以自由地以建設性的方式處理事情〔如勞工或環保問題〕，或許毋需動用政府的管制，而形成一種自願性的規範。」英國石油的布朗尼也抱持類似的態度，他抱怨歐洲乃至美國「仍有不少人相信解決之道基本上還是管制與控制」，甚至有項調查還發現，多數人認爲「公司需要接受管制，不能信任它們會負責任管好本身的活動。」同樣是石油業界的葛瑞也說：「管制與中央控制不是今天人們要走的方向。我們必須在相反方向負起責任，我們在企業界，不是在占外界的便宜。」[47]

然而企業整個本質其實就是占外界的便宜。我前面提過，公司的社會責任是個自相矛盾的說法，同樣地，認爲公司會像政府一樣促進公共利益也屬無稽。公司只有一項職責：促進公司本身及其所有人的利益。公司無法因發自眞誠的社會責任感而採取行動，也無法避免傷害人與環境，更無法不顧本身利益來提升公共福祉。公司的主管也沒有權力不這麼做。因此主張解除管制者認爲公司即使沒有政府強制，也願意尊重社會與環境的權益，其立論根據相當薄弱。大概不會有人建議：人民只要自律即可，大家都會負起社會責任，所以有關謀殺、傷害、竊盜的法律全都沒必要。但說也奇怪，居然有人要我們相信應該放任公司法人自己管理自己，全不考量公司正如毫無道德感的精神病患，有力量、也有動機在世上造成傷害與破壞。

5 全面入侵的商業化

「這是我一輩子看過最可怕的事。」向來沉穩的商品期貨經紀人布朗（Carlton Brown）對於二○○一年九月十一日目睹的情景深感不安。他說：「我腦子裡想的全是怎樣把他們弄出來。在大樓倒塌前，我們想的全是快把客戶弄出來。」他指的是讓客戶由黃金市場出來。布朗主要是擔心的是客戶可能在黃金市場遭到套牢，因爲他知道，一旦世貿中心大樓倒塌，金市就得休市。布朗回憶說：「當飛機衝撞大樓時，你第一件想到的事就是：『哇，金價會漲多少？』」他又說：「還好幾天之後我們就把他們都弄出來了……每個人都賺了一倍……九一一是一場恐怖、令人膽戰心驚的災難，但也有人因禍得福。我在金市的客戶全都賺了錢。災難中有機會，那是創造財富的時機。」[1]

公司所想的也全是創造財富，而且也是創造財富的高效能工具。公司會剝削任何對象來爲自己與所有人創造財富，不受內在的道德、倫理或法律限制。②根據《新韋氏英文百科辭典》(*New Lexicon Webster's Encyclopedic Dictionary of the English Language*)的定義，剝削是「爲本身自私目的或利益而利用」。過去一百五十多年來，公司不斷追求與掠奪種種權利，剝削地球上絕大部分的自然資源以及人類在各領域努力的成果。早在一九三二年，勃雷與明斯就在《現代公司與私有財產》一書中寫道：

> 由鐵路開始，自十九世紀後期到二十世紀初期，經濟生活中一個又一個的層面遭到公司支配……公司進入一個又一個領域，成長壯大，取得全面或部分的主導權……根據公司以往的發展軌跡，我們或可預期，未來有一天所有的經濟活動幾乎都會以公司的形式進行。③

這一天已經來臨。今天幾乎所有的經濟活動都是以公司形式進行。不過目前還存留一大障礙，讓公司無法控制一切事情：公共領域。

在現代歷史中，二十世紀的獨特之處在於大家普遍相信：民主制度的政府應保障人民的社會權利，並滿足他們的基本需求。舉凡重大的公共利益或社會範疇，如果太過珍貴、容易受損或具有道德神聖性，不容爲公司剝削，就會受到法律或公共政策明定的保障。無論身爲勞工或消費者，人類不可能被獨佔，兒童不容剝削。一些重要機構攸關人類的健康與生存（如自來水、衛生與福利服務）、人類的進步與發展（如學校、大學、文化機構）、公共安全（如治安、司法、監獄、消防），因此刻意置於公司無法染指之處，而珍貴的自然領域也劃爲公園或自然保護區。

現代化國家或多或少都存在因此而產生的公共領域，但目前這一領域正備受攻擊。傳統上，公司對公共領域向來抱持敵對態度，因爲由它們的觀點來看，這片化外之地攔阻它們獲取龐大利益。特別是最近二十年來，公司積極展開活動，決心向這片化外之地進軍。透過所謂「民營化」的過程，政府已棄械投降，將一些原本認定屬「公共」性質的機構拱手讓給公司。沒有任何公共領域不曾受到追求利潤的公司所染指。無論自來水、電力、治安、消防與急難服務、日間照護中心、福利服務、社會保險、大專院校、研究、監獄、機場、醫療、基因、廣播、電磁波譜、公園、公路全都已經或即將遭到全面或部分的民營化。④

因此我們正在邁向一種新社會，它的最終面貌可能類似那些倡言民營化者建議的模式，例如經濟學家傅利曼主張總所得中應該只有百分之十至十二來自政府——而他估計目前在美國這個比例爲百分之四十至五十。傅利曼認爲，政府應控制的只有最基本的功能，如法制、軍隊，以及救助極端貧窮的個案。他指出：「私有部門應該要大得多，而且大都由民營的營利事業經營。」許多經濟學者與政策制定者同意傅利曼的看法。例如卡圖研究所的尼斯卡能就認爲，只有極少數功能應保留於公共領域，他能想到的只有軍隊。領導佛萊塞研究所（Fraser Institute）——即卡圖研究所的加拿大研究夥伴——的經濟學者邁可·沃克（Michael Walker）在被問及是否認爲地球的每個角落都應在民間控制之下時，非常熱烈地答覆說：「絕對是！」⑤

如果這類觀點繼續占上風，那麼不久的將來，公共領域就可能萎縮成爲稀罕的歷史陳蹟了。

投資銀行家邁可・莫伊（Michael Moe）指出：「傳統的投資機會出現於問題之所在，問題愈大，機會也愈大。而今天最大的問題，莫過於如何提供人民更好的教育。」——自然最大的機會也莫過於此。基於這種信念，莫伊協助艾迪生學校（Edison School）募集五億美元資金。艾迪生學校是一家營利性的公開交易公司，代表地方政府經營學校，未來並計畫擁有並經營自己的學校。目前艾迪生是全美最大的教育管理組織（education management organization，簡稱EMO），轄有一百三十三所學校、七萬四千名學生。艾迪生與美國其他約四十家EMO，反映了美國教育由幼稚園到十二年級（K-12）走向民營化的趨勢。⑥

根據莫伊的看法，由於「教育市場」和三十年前的醫療市場類似，既有重大問題，又加上公司所占比重尚低，因此未來可望快速擴張。他認爲這個產業目前尚在棒球賽的頭一局，而且九局之後可望還有延長賽。舉例而言，僅在二〇〇一年，美國EMO的數目就增加了七〇％。據莫伊保守估計，未來十年內，規模八千億美元的教育產業中將有十％由營利性公司經營，而這一比例目前只有一％。他認爲現在政府就像許多企業一樣，希望將業務外包出去，而且未來政府在教育上的角色很可能會轉型，由「學校的所有者

—經營者變爲類似總承包商的性質。」傅利曼同意這種看法，他提及自己倡導的學校民營化時說：「我參與這項運動已有四十五年，直到最近五年來才算眞正打開僵局而有所進展。」他預測，像艾迪生學校這樣的公司「不久的將來會發展成經營自己私立學校的企業」，而不是只負責經營政府擁有的學校。⑦

無疑地，對於艾迪生學校這種大舉滲透 K-12 教育的公司而言，龐大的商機正等在前方。艾迪生的董事長小班諾·施密特（Benno Schmidt, Jr.）形容這個產業的成長潛力「龐大到難以想像」。他說：「教育比國防大，比整個國內汽車業大……事實上，美國市場中只有醫療部門超過教育。」莫伊認爲，公司化的學校在其他國家也是前途光明，因爲許多國家更傾向以市場機制來改革教育制度，加拿大與英國就是兩個例子。⑧

支持營利性學校的人士動用政治力量促進這一產業的發展。艾迪生的兩位最大投資者，波士頓的金融家約翰·柴爾茲 (John Childs) 與蓋普 (Gap) 的董事長多納·費雪 (Donald Fisher)，最近曾分別捐給共和黨六十七萬與二十六萬零八百美元。當布希總統承諾以三十億美元的聯邦貸款協助新設立的特許學校（charter school），並補貼希望就讀私校的學生時，這兩位投資者必然大感振奮，因爲這樣的政策轉變有助於ＥＭＯ拓展市場。其他還有不少布希的大金主也在教育產業中投資甚鉅。著名企業家如安麗（Amway）創辦人理查・狄佛斯（Richard De Vos）、企業家大衛・布瑞南（David Brennan）與沃爾瑪的約翰・華頓（John Walton）都支持布希，也花費數百萬美元鼓吹各州證書制度，而此制一旦實施，將爲EMO創造鉅額商機。⑨

儘管學校民營化的倡導者態度急切，但他們主張這種學校在學童學習成果上優於公立學校，卻缺乏可靠的證據支持。事實上，艾迪生在這方面的說詞遭到西密西根大學（Western Michigan University）獨立研究者的質疑，因爲他們發現「艾迪生學生的表現，並不像艾迪生在年報中所宣稱的那麼好。」⑩該公司也曾因其他方面的誇大不實而遭批評，例如把經營的學校數字灌水，明明校長相同、也在同一棟建築內上課，卻把幼稚園到五年級、六年級到八年級、九年級到十二年級算作三所不同學校。⑪

不過艾迪生最大的麻煩還不止於此。公司股票一度在納斯達克（Nasdaq）交易所漲到二一・六八美元最高價，近期卻跌落到一元以下。爲節省費城學校的經費，該公司賣掉了教科書、電腦、實驗室用品、樂器等等，還把公司主管移至學校房舍辦公，以節省每月九千美元的辦公室租金（學校董事會聞訊後立即要求這些主管離開）。創辦人兼執行長克里斯・威托（Chris Whittle）進一步建議，利用免付薪資的學生人力來做學校有給職員的工作。據說他向一群艾迪生的校長說明他的計畫時曾說：「我們可以少用點成年員工。」他建議每個學校由六百名學生每人每天擔任一小時行政工作，如此可以少雇七十五位員工。⑫

贊成學校民營化乃至更廣泛民營化的人，往往以理論正確做爲辯護的理由，而無視於眞實世界中往往並不是這麼一回事。他們認爲，激發人類追求物質利益的自利動機符合自由放任的經濟學理論，也是提升公共利益最保險的途徑。艾迪生學校的財務人員傑佛瑞・弗洛姆（Jeffrey Fromm）解釋爲何營利性學校的表現會優於公立學校時說：「一般人往往會對經濟誘因有反應，以此做爲他們行事的理由。」受到賺錢欲望的激勵，營利性學校的老師會教得比較好，行政人員會管理得比較好，而公司會提供顧客——家長、學生、董事會——希望與需要的東西。因此弗洛姆認爲，「追求利潤的動機會對學校產生正面效果」，雖然公司「眞正要考慮的只有獲利。」他相信公司能在教育體系內注入變革的能力，因爲「資本主義經濟中企業的達爾文主義（Darwinism）一旦在教育體系內推展，應可在美國創造更優質的教育。」⑬

也就是說，民營化能使人類原有自私與唯物的天性發揮到極致。傅利曼曾模仿亞當・斯密的語句來解釋民營化的好處：「我們每天吃麵包，靠的不是麵包師傅的仁慈，而是他對自身利益的關切。」根據相同的道理，傅利曼與其他主張民營化者認爲公營機構先天就有缺陷，因爲它們立基於對人性的不切實際想法——也就是人性並非全然自私與唯物。當我詢問傅利曼，他的觀點與約翰・肯尼斯・蓋爾布瑞斯（John Kenneth Galbraith）差異何在時，他說：「最大的差別在於是否承認公務員追求的是整個社會的利益，而非本身的私利。這就是我和蓋爾布瑞斯的區別。」⑭

雖然根據一些評量指標或架構，民營機構的效能可能確實超越公營機構，但就全面長期解決社會問題而言，民營化有其缺陷。民營化的哲學基礎對於人性的理解扭曲而偏頗，因爲自利與唯物只是人性的部分，而非全部。如果把社會與經濟制度奠基於這些特質上，有淪於基本教義派的危險。如果從較現實的層次而言，民營化以營利性的公司來提供公共財有其缺陷。因爲公司依法必須隨時將自身益置於他人之上，而不像公家機構只以公共福祉爲唯一職責。就算公司的行爲有時確能促進公共福祉，那也是這麼做恰好符合它們自身的利益，然而一旦兩者相牴觸，公司立刻會不惜犧牲公共福祉——這是它們法律上的職責。⑮民營化無疑替公司打開追求利潤的新疆域，因此它們自然要大力鼓吹。但從公共的觀點，我們不禁要問：如果讓公司掌控我們社會的根本支柱——例如界定我們是誰、把我們聯結在一起、讓我們能生存並平安度日的種種制度——我們到底會創造出怎樣的社會？

這些憂慮不侷限於民營化的課題，也延伸到與此密切相關但較爲非正式的過程——社會的商業化——其中也涉及公司已滲入不久前尚無從染指的領域。

溫哥華一年一度的兒童季以往並未沾染商業色彩，因此最近我帶兒子前往參加這項活動時，不禁大吃一驚。我們一進大門，就發覺自己站在一家模擬起亞（Kia）汽車經銷商的店面中。閃閃發亮的新車誘人地停放在草地上，印有起亞標誌的旗幟迎風招展，年輕的員工四處游走，發放免費小禮物給孩童。這項活動允許起亞展示汽車，以換取現金贊助。兒子想到車上玩，我好說歹說才把他拉走，和我一起去欣賞兒童音樂家拉飛（Raffi）的表演——可惜這場演奏會根本沒舉行。拉飛後來告訴我，他在活動場地上看到「顯然是一家汽車經銷店」而大感震驚，於是拒絕演出並退出兒童季活動。他說：「面對這樣顯眼的公司標記……這麼粗暴的商業化，我只能俯首認輸。我的心情沮喪到極點，覺得自己無法在那種環境下演出。」在兒子的堅持下，我們又回到汽車展示場。他不停嘀咕要一臺SUV，最後給他買了一隻印有起亞標誌的吹氣恐龍了事。⑯

接下來是全國曲棍球聯盟史坦利盃（Natioanl Hockey League Stanley Cup）的決賽，兒子又在跟我嘀咕。這次他要買的是二十四罐裝拉巴特（Labatt）藍啤酒，因爲他從賽事中不時出現的廣告得知，這項商品會附贈史坦利盃的塑膠複製品，他無論如何都要得到。拉巴特必然料到小朋友會和父母一起來看球賽——這堪稱是加拿大全國性盛事——而大多數成年人並不會爲了塑膠獎盃而放棄自己喜歡的啤酒品牌。因此合理的推斷是，該公司的目標在於讓我兒子要求我買它們的啤酒——結果也眞的達成了目標。

嘀咕因子（Nag Factor）是一種新的行銷策略，把對兒童的操控發揮到淋漓盡致。當我購買拉巴特啤酒（還有被兒子嘀咕著要買SUV），實際上就成爲嘀咕因子無辜的受害者。服務於全球最大溝通管理公司創新媒體（Initiative Media）的露西・休斯（Lucy Hughes）擔任策略與觀點總監之職，是嘀咕因子的創造人之一。這項發現解決了困擾行銷人員多年的問題：如何才能從希望購買產品但自己沒錢的兒童身上掏出錢來？休斯指出，雖然你可以操控消費者，讓他們渴望你的產品，從而花錢購買，但面對年幼的孩童，這種手法卻面臨特別的挑戰。她在幾年前領悟到，廣告的目標不在於讓兒童買東西，而在於讓他們向父母嘀咕要買東西——這正是嘀咕因子背後的重要的見解。⑰

爲達成這個目的，休斯與公司同事在兒童心理學者協助下，將各類兒童嘀咕對各類父母產生的各類影響加以科學化分類：「我們發現……兒童嘀咕的方式並非一成不變，通常可分爲兩類，就是持續型與重要型。持續型的嘀咕其實就是不停地哼哼嘰嘰：『媽咪，我真的、真的好想要芭比夢想屋，啊，啊，啊……』；而重要型嘀咕就是孩童已經把商品賦與了某些重要性：『媽咪，我想要芭比夢想屋，這樣芭比才能和肯恩住在一起，他們才能生小孩，有自己的家……』。孩童對父母嘀咕的方式，會影響父母是否購買商品。」⑱

各種嘀咕能否發揮效果，取決於所鎖定的父母屬於哪種類型。「必要型」父母占最大族群，通常經濟狀況與社會階級都不錯，但對小孩的糾纏比較不予理會。除非理由充分，否則他們不會幫小孩買東西。因此休斯說：「我們會想辦法讓孩童以重要型嘀咕來說服他們，指出產品對他們的價值或利益，爲什麼對小孩那麼重要。在適當的情況下，父母有可能聽得進去。」至於對其他三類父母，採取持續性嘀咕可能比較有效。爲數最少的一類是「大孩子型」，大都是年輕的父母，他們購買電腦遊戲與遙控玩具車等產品，有一半原因是自己要玩。「溺愛型」父母工作忙碌，靠著買東西給子女來減輕自己不能常陪伴他們的罪惡感。「掙扎型」父母通常爲單親媽媽，雖然覺得不該給子女買不實用的東西，可是往往又忍不住；他們口口聲聲不喜歡衝動性購買，自己卻還是會這麼做；他們反對以兒童爲目標的廣告，但有時卻又感謝這些廣告幫忙他們決定究竟該買什麼。[19]

整個公司的命運，可能就繫於行銷人員是否有辦法讓兒童有效地向父母嘀咕。休斯指出：「以麥當勞來說，除非小孩嘀咕，否則父母不會去。」查克伊契斯速食店（Chuck E. Cheese's）呢？休斯說：「老天，那裡好吵，又有一大堆小鬼。我怎麼會喜歡在那裡待兩個鐘頭？」她的公司希望成爲把孩童嘀咕效果加以量化的先驅，而且根據公司研究結果發現，如果沒有孩童嘀咕，有二成到四成的購買根本不會發生。她還指出：「舉例來說，我們發現到主題樂園去玩的人，有四分之一是小孩嘀咕父母的結果。至於去查克伊契斯速食店這樣的地方，這個比例高達十分之四……看電影、錄影帶出租、速食店的情形都一樣。小孩對父母購買什麼產品影響重大。」

兒童的影響力遠遠延伸到兒童商品之外，甚至觸及高檔的成人商品，如汽車。休斯說：「汽車有許多的特性其實是訴諸於兒童。」⑳這可以解釋起亞汽車爲何在溫哥華的兒童季施展行銷手法，同時與一些暢銷的兒童錄影帶如《魔戒》（*The Lord of Rings*）……與《史瑞克》（*Shrek*）緊密結合。㉑鎖定兒童爲目標的不止起亞，像日產（Nissan）贊助美國青年足球組織，克萊斯勒（Chrysler）的郵寄宣傳品採用小朋友喜歡的漂亮立體書，還有在所有車廠的廣告中，兒童的份量都日益凸顯。㉒

行銷人員茱莉・哈爾平（Julie Halpin）談及運用兒童的影響力來銷售成人商品的趨勢時說：「就行銷觀點而言，這是很強勢的東西。玩具和糖果廠商向來這麼做，以後也會如此。可是我們現在有金融服務業的客戶。誰會想到一個兒童行銷機構居然有金融服務業的客戶？」的確如此。㉓

休斯語帶驚嘆地說：「小孩看電視的方式很令人意外。他們注意的是廣告……有多少人會眞正注意看廣告？父母可能很少、很少。」㉔由行銷觀點而言，瞄準兒童大有道理，因爲這樣可以避開懂得媒體伎倆的父母，而利用兒童對父母可觀的說服力。兒童也比成人容易操控，像休斯等行銷人員應該都會贊同專家的看法，認爲幼童尤其容易受到媒體操控——據美國小兒醫學會（American Academy of Pediatrics）的研究，「八歲以下幼童的發展上無法理解廣告的用意，事實上，他們認爲廣告說詞是眞實的。八歲以下的觀衆其實無法分辨廣告與一般電視節目。」㉕對於行銷人員以及他們所屬的公司而言，孩童易受廣告影響的特質，使他們成爲理想的目標。在公司的病態世界裡，脆弱無助只會惹來無情的剝削，絕對不構成受到保護的理由。

休斯認爲，兒童是明日的消費者，而且代表龐大的市場，因此成爲公司的目標也無可厚非。還有一位廣告主管則說：「與其說他們是兒童，我們倒喜歡稱他們爲『演化中的消費者』。」㉖「是否合乎道德？我也不知道，」休斯對自己的工作如是說，不過她馬上補充，她的公司的角色只是「推動商品，如果我們推動了商品……工作就算完成。」言下之意似乎道德的問題並不相干。就算是前面提過的兒童音樂家拉飛，儘管堅決批判對兒童的行銷行爲，但也不得不遺憾地承認：「瞄準兒童以增加銷售，只不過是我們法律允許公司做的一部分事情……公司執行長只是在做職責上該做的事，也就是提高每股盈餘。」㉗

拉飛對法律的講法沒錯。一九八一年，聯邦通訊委員會（Federal Communication

Commission）取消一九六〇年代開始實施的兒童廣告限制，反映以市場方式取代管制的新趨向。根據當時擔任該委員會主席馬克・弗勒（Mark Fowler）的看法，電視只不過是家電的一種，就像是「有影像的烤麵包機」，毋需特別的規範。㉘兒童廣告自這項禁令解除後大行其道，其實並不令人意外。哈佛醫學院的專家蘇珊・琳恩（Susan Linn）博士指出：「美國兒童平均每年看三萬支電視廣告……如果把從前的行銷和現在相比，就如同BB槍與智慧型炸彈。今天兒童所觀看的廣告都經過心理學者悉心指導，而且透過以往無從想像的媒體科技，因此效果更爲加強。更加上廣告無所不在，讓他們沒法迴避，兒童生活的各個角落都會與廣告打照面。」

兒童行銷人員把垃圾食物與速食直接丟到兒童面前的手法，引發更多的爭議。家長都明瞭，小朋友喜歡對身體不好的食物，如果放任不管，他們吃的幾乎全是糖果、碳酸飲料與速食。各大公司看準這項弱點，廣告影片中的甜食與高油脂食品讓兒童完全無法抗拒，而家長控制子女飲食的努力也全給攪亂。在一支洋芋片的電視廣告中，三個男孩在午餐時興高采烈地打開自己的餐盒，拿出好幾袋洋芋片，而另一個男孩的午餐只有一根香蕉，顯得悶悶不樂，也遭到其他人的冷落——直到最後他也用香蕉換到一包洋芋片，交換的對象是隻猴子。即使三歲小孩也懂得其中的意涵：對身體有益的食物，香蕉，很遜；垃圾食物，如洋芋片，很棒。行銷人員誘導兒童渴望垃圾食物的手法毫無節制。一些年幼孩童的書籍利用M&M巧克力等產品教導孩童如何數數，充分展現業者的智慧：及早抓住兒童，以後他們就跑不掉。琳恩指出：「嬰兒如果有在保姆或父母懷中聽故事書的經驗……他們會把這種溫馨愉悅的感受和糖果或早餐穀物連結在一起。」㉙

有鑒於兒童肥胖現象以及相關健康問題急速增加，批評的矛頭也指向這類行銷手法。根據琳恩的說法：「高油脂或對人體無益的食物的影像給大量灌輸到兒童腦海裡。這些廣告的訊息不外乎：『吃這個讓你感覺更好；吃這個你會快樂；吃這個最酷。』」㉚

儂漢（Verity Newnham）代表澳洲一群醫師與研究者，說明可能的後果：

> 速食與零食業積極對兒童推銷，確實會影響他們人生初期的飲食選擇，同時也讓他們日後肥胖或過重的風險增高。最令人憂心的是兒童糖尿病，一般開業醫師目前看到的第二型糖尿病的兒童比以前任何時期來得多，這是飲食不當與缺乏運動導致的疾病。兒童非常容易受電視速食廣告的誤導。㉛

素負盛的醫學期刊《刺胳針》（*Lancet*）近期一篇社論中提及：「兒童過胖與第二型糖尿病的案例激增，已構成公共衛生的危機，很可能與食品業該負泰半責任的『有毒環境』（toxic environment）脫不了關係。」因此該文最後提出建議：「現在該是適當時機，還給父母、老師與公衛專家他們原本應扮演的兒童專家的角色。」㉜

在此同時，由行銷者與公司的觀點來看，災難中總存有機會。隨著兒童肥胖情況迅速蔓延，約有三分之一女孩衣服尺碼在十四號以上，因此一位行銷人員發現成衣業的另一項商機，也就是大尺碼少女服裝。㉝減肥食品與製藥業也趁機賺進大把鈔票。對於垃圾食物影響兒童健康，業者極力爲自己的行銷手法辯護，反而怪罪給家長和其他因素。全美餐廳協會（U. S. National Restaurant Association）發言人湯姆・佛克斯（Tom Foulkes）說：「部分美國人過重或肥胖，是個相當複雜與多面向的課題。我們必須強調一般常識與個人責任，包括父母的責任。」㉞加拿大餐飲協會（Canadian Restaurant and Foodservices Association）副主席吉兒・侯爾若（Jill Holroyd）也附和這種論點：「小孩不會自己開車上餐廳……我們認爲眞正的課題在於個人責任。父母有責任確保小孩飲食均衡，並有充分的運動。」㉟

哈佛企業倫理專家巴達拉可指出：「在針對年幼孩童廣告的問題上，我比較傾向於說：只要廣告效果不太好，那就沒事。」問題是，這些廣告的效果實在很好。垃圾食物行銷人員辯稱自己無辜，其可信度大概不會高過菸廠一貫主張的香菸廣告不會增加吸菸人口。休斯這類的行銷者努力設計宣傳活動，鼓動孩童纏著父母買垃圾食物或上速食餐廳。如果廣告商已經誘導兒童質疑父母對食物的權威，而且相信自己需要廣告中的食物，那麼父母要向他們說「不」就困難得多。在這樣的狀況下，說「不」的後果往往是小孩發脾氣、鬧情緒、訴諸行動，造成家庭衝突——因此不少父母最後只好讓小孩上車，開往麥當勞。速食業者其實在慫恿兒童懲罰父母說「不」，但同時又指責父母縱容，實在充滿僞善的意味。㊱

不過仍有些廣告人對自己的行徑誠實面對，例如知名電視廣告導演與配音專家克里斯・胡柏（Chris Hooper）對於自己替麥當勞、可口可樂等大公司工作，形容爲「推銷東西給並不眞正需要的人」、「鼓勵人硬充內行，行爲不負責任、追求享樂、自我中心、自戀。」雖然如此，他還是照接這些廣告，並且以其他同行也與他一樣「對自己的作爲感到不安」來自我安慰。他說：「如果要我接另一支麥當勞的廣告片，我會答應。因爲——

我知道這聽起來有點像納粹什麼的——如果我不做，其他人也會做。」爲了讓良心稍安，胡柏義務協助一些反大公司的廣告。例如消費者保護運動先驅奈德的總統競選電視廣告，擔任配音的就是他。㊲

兒童文化專家史帝夫・克萊恩（Steve Kline）認爲，剝削性的行銷手法斲傷的不僅是兒童的身體，還有他們的心靈。他認爲，目前玩具業盛行的「促銷方式與協同滲透（synergistic saturation）行銷，已導致兒童想像力萎縮。」公司搭配銷售的玩具——如速食業點餐時可附帶購買各式玩具，或與電視、電影角色相關產品（如《星際大戰》與《蜘蛛人》玩具）——使得兒童的遊戲淪爲「在玩具廠商提供的劇本下一再重覆的複製品」。因此兒童喪失自行創造意義的能力，無法獨立打造自己的小小世界，並且相互交流。㊳

克萊恩認爲，兒童眞正需要的是能激發「創造性破壞」的玩具，讓他們經歷想像、創造、破壞、再創造的過程，而且能給予一種支配感，協助他們探索外在世界的規律。然而由於協同行銷的獲利可觀，公司不太可能會去製作這樣的玩具。克萊恩指出，玩具公司目前顯然銷量增加，因爲自從引進搭配銷售方案，銷售就蓬勃發展。即使本質上屬於「創造性破壞」的樂高（LEGO）玩具公司，基於獲利考量也隨俗採行搭配銷售策略（雖然當時還擔任該公司顧問的克萊恩大力反對），開始根據一些熱門兒童影片（如《星際大戰》或《哈利波特》）的角色或場景製作玩具組。㊴以往「創造性破壞」的樂高，如今只出現在管理人員研習軟體中，用以激發公司主管的創造力與想像力。㊵

克萊恩擔心，兒童的世界將日益受到超大型公司獲利導向銷售行為的影響，某種「公司包圍的童年」正在形成，兒童的生活中出現愈來愈多的「品牌包圍」(brand enclosures)。他指出：「現在的兒童已經無法想像，世界並非完全由這些公司創造……或自己有辦法置身於這個商業化空間以外……我們首先做的是把孩童塑造為消費者，卻比較拙於培養稱職的公民……善良而有道德的人類。」琳恩贊同這種觀點，同時也指出，由於兒童的世界過度商業化，我們教導他們的全是「我最大」的觀念，卻忽略灌輸民主制度下公民的基本素養，如合作、在社會中生活、與他人一起工作與遊戲等等。㊶

面對公司舖天蓋地的影響力，今日的兒童幾乎無處可逃。就連學校也成為公司行銷與宣傳的舞臺，因為財源窘迫的校董會為取得金錢與商品，可能以下列事項為交換條件：

- 提供學校的計分板、屋頂、公告欄、牆壁、電腦螢幕保護程式、教科書封面、學校網站等，做為廠商廣告空間。
- 與廠商簽約，在自動販賣機或餐廳獨家銷售該公司產品（可口可樂與百事可樂最擅長這招）。
- 簽訂贊助合約（如富國銀行〔Wells Fargo Bank〕支付一萬二千美元給亞歷桑納一所高中，好讓公司的名字在學校運動會上出現）。
- 接受策略性的慈善捐款（例如我兒子的學校請學生蒐集某家本地某牛奶公司產品標籤交給學校，再由學校向該公司換取捐贈）。[42]

公司甚至滲入學校課程之中，通常是透過免費提供教材的方式。例如由麥當勞贊助的學校營養課程，以麥香堡來舉例說明四類食物，藉機促銷產品；[43]也有些公司希望宣揚公司的觀點，例如寶鹼公司（Procter & Gamble）的「決策地球」課程中指出：「把一個地區的樹木全數砍伐……為野生動物創造新的棲息地。寶鹼採用這項兼顧經濟與環保的方法，是因為這是模仿大自然過程最接近的方式。完全砍伐也讓陽光可以照射，從而

刺激生長並提供動物所需的食物。」㊹

電視廣告現在成爲許多學校學生每日課表中核心的一部分。艾迪生學校創辦人威托規畫了一項「一號頻道」方案，每天提供學校十分鐘新聞節目，後面附加兩分鐘廣告時間。與該公司簽約的學校必須承諾三年內每天至少有九成的學生觀看這個節目，而學校則可獲贈一個衛星大耳朵、兩臺錄放影機、每間教室一臺電視，還有電線與維修設施。雖然有些州禁止一號頻道進入課堂，但該公司宣稱這項方案已普及到全美四成的中學生。贊成這項方案者看到的是學校可以免費獲得設備，學生也可以了解時事，而且他們和香菸與速食業者一樣，宣稱那些廣告不致對學生有什麼影響（不知道他們爭取廣告時段買主時，是否也講同樣的話）。不過一些研究顯示，觀看廣告會提高學生對產品的評價以及購買慾，也會養成他們與消費相關的唯物主義態度。一項研究指出，這些後果部分可能得歸咎於「學校允許商品在學校打廣告，形同一種暗示性的背書。」㊺

公司涉足學校的理由和做其他任何事的理由相同：促進自身與公司所有人的利益。一位教育行銷公司人員指出：「準備受贊助資料的最根本法則，就是必須先符合溝通者的需求。」另一位教育行銷主管也說：「我們要接觸的小朋友是正在接受訓練的消費者；

你當然希望在最有可塑性的階段接觸到消費者。」可說一語道破公司設法與學校掛鉤的利之所在。㊻

公司正利用各種形式的廣告與促銷活動，把學校轉變爲商業的領土。不過學校可以說只是更廣大商業化世界的縮影而已，其實現在人人都無所遁逃於廣告之間，無論電視或電腦螢幕、大型戶外看板與電動標誌、公車與地鐵車廂外部（有時連窗戶也不放過），或是博物館、音樂會、畫廊，還有運動比賽愈來愈像贊助廠商的誘餌。日益高漲的商業主義除了這些有形記號外，還有一項更隱微的過程正在進行中：我們進行社會互動的公共空間，也正日益商業化。

紐約的AT&T廣場樹立了一塊牌子，上面寫著：「公共空間，由AT&T擁有並維護」。㊼「街道」在民主的想像中占有核心地位，因爲這個名詞所指不只是道路，還包括廣場與市鎮中心等公共空間。街道是公共的都市空間，民衆在此會面集結，在此聚衆、抗議、遊行、透過麥克風吶喊、傳達各類資訊，當然也可以單純享受進出公共場所的自由。言論自由觀念產生的號召力，大都源自街頭的形象，無論是天安門廣場的抗議群衆，倫敦海德公園演說者角落的肥皀箱，還是在市區街頭爭取民權與勞工權益的遊行。㊽

然而隨著郊區的市鎮中心爲購物商場所取代，而市區的人行道讓位給天橋與地下道，街道正在消失之中。正如一位評論家所言：

人行道正在改變，往室內化、私有財產化的方向移動。過去幾十年來，我們目睹曾是公共生活場域的傳統街道趨於沒落。汽車、高樓大廈、住宅往郊區擴散、大型購物商場，都導致市中心以行人爲導向的户外街道生活逐漸式微……市民生活如今轉向私人擁有、公共使用的室內行人空間，在地面之上有各棟建築物之間的天橋，地面有辦公室與零售中心、中庭、購物商場，地下還有四通八達的地下街。㊾

以多倫多市中心而言，十公里長的地下通道串聯起一千一百家商店、六十三座建築物、十九家購物商場、五個地鐵站、四間旅館，還有證交所與市政府。地下網絡中的各棟建築分屬六十三家大公司，每天穿梭其中的行人約有十萬人。㊿

其他八十幾個北美城市也有類似的封閉式人行道系統，只不過有時是在空中而非地下。51如明尼亞波利斯（Minneapolis）的市區幾乎全以總長超過七英哩的天橋連結起來

——包括幾百家商店、四家大型百貨公司、政府大樓、企業總部——天橋各個區段是由位於這些建築物的公司（有時是政府機構）所興建、擁有與維護。天橋上滿是各類廣告，大都是由美國城市之光（City Lites USA）承包，該公司自稱，這些廣告每週可以吸引一百萬名高階決策者的目光。㊾

都市的地下道與天橋，還有郊區的購物商場，原本是設計來供公衆互動之用，但通常卻由私人所控制，尤其是大公司。這些場所的狀況與人員進出受到控制，安全警衛與監視器無所不在，因爲正如一位評論者所言：「業主必須保持有利生意上門的氣氛，因此有必要阻止他們認爲有礙這個目標的人或活動。」㊿——像是抗議群衆、發傳單者、遊民等都不受歡迎。由於商場、地下道、天橋屬於私人財產，市民要在此行使言論與集會自由，自然會比在公有場所更容易遭到制止。⑭這些場所的設計與裝潢，主要是希望爲中產與上層階級消費者提供舒適的環境，其他人則不在考量之列。⑮

至於在住宅部分，目前全美有四百萬人居住在有門禁管制的社區內，與鄰近地區以圍牆隔開，並透過各項使用與服務公約加以管理。有人認爲，這種現象代表「遠離政府管制土地使用並提供各項服務的趨勢，轉向對私有管制與私人提供服務的依賴……在這

種發展中，負擔得起更多管制與私密性的有錢人，可以運用一種更強勢的新方式把自己不樂見的人或使用方式排除在外。」㊻

當都市的街道爲私有的地下通道與人行道所取代，郊區的市鎮中心爲購物商場所取代，住宅區變爲門禁森嚴的社區，都使公共空間明顯地商業化。不過還有些隱蔽的商業化也正在發生，有些甚至細微到讓人無法察覺。

假設你正走在某個國家公園偏僻的步道上，看到路旁有一群年輕的健行者正興高采烈地高聲交談，內容你可以聽的一清二楚。大富（Big Fat）行銷公司執行長雷斯勒（Jonathon Ressler）會把上述情節繼續講下去：「他們談的是身上背的背包有多棒。如果是其他牌子的背包，你走了八萬四千英哩後，背部早就會痛得要死……可是這個背包有特殊的等等等等……所以眞的很舒服。」他最後揭曉的眞相是：「這些人把特定的訊息傳達給了你——你不會料想到他們竟然是一組替大富工作的專業演員，受雇在此替商品宣傳。」㊼

這種技巧名爲隱藏式行銷（undercover marketing），根據雷斯勒所言，目前處處可見，而他也正是發明人。他說：「在酒吧、足球賽、購物商場、地鐵、電影院，到處都看得到……它的高明之處是，如果運作得宜，你根本不會知道，因此它無時無刻不在你左右——聽起來很恐怖，可是它真的無時無刻不在你左右。」

雷斯勒指出，隱藏式行銷讓人無從逃避，他估計平均一天之內你就可能接收到八、九個隱藏式行銷的訊息。比如說你早上出門上班時，在大樓管理員腳邊看到某家網路購物或郵購公司的包裹，你會想：「哇，一定有很多人向這家公司訂貨。」但是雷斯勒一語道破：「你不知道那其實是我們付錢給管理員，請他把空紙箱放在那裡。」

接著在等公車時，你聽到有些人在大聲談論某部音樂劇，而且前後傳遞著隨聲聽。「哇，太棒了！我聽說這片ＣＤ賣到缺貨，不過××商店好像還買得到。」

然後到了辦公室，你發現冰箱裡堆滿某牌的礦泉水。你喝了一點，覺得味道挺不錯。雷斯勒說：「誰知道，也許是某人擺到冰箱裡的。」午休時你坐在公園長椅上，聽到旁邊的人在談論某家他們聽說的熱門餐廳，於是你想到：「嗯，星期五晚上有個約會，也許可以去那裡。」

回家之後，你下樓倒垃圾，在收集垃圾的地方又看到那家網路購物公司的紙箱，你不禁想：「哇，跟這家公司買東西的人還眞的不少。」

晚間你上酒吧。在門外排隊時，你發現門口接待人員腳旁放了一箱××牌飲料。接待人員人手一罐，也發給排隊的人。進到酒吧內等候飲料時，有人——雷斯勒說：「我們稱之爲『靠牆站』，因爲酒吧裡人太擠，所以他們經常靠牆站」——拍拍你肩膀，「可不可以幫我點一杯××牌飲料？」她拜託你說，接下來，就該你說：「嘿，××牌是什麼東西？我從沒聽過。」然後很快地，「××牌很棒」的訊息就會從你開始傳遍整個酒吧。雷斯勒說：「派三位靠牆站到一家爆滿的酒吧，不到一個鐘頭，每個人都會點那種飲料。」⑱

雷斯勒透露：「隱藏式行銷的整個關鍵在於完全不爲人知。」這種手法全然建立在欺騙的前題上，也難怪僞裝人員必須簽下保密協定——如果有人問起他們是否從事隱藏式行銷，「技術上而言，他們必須撒謊，矢口否認，」雷斯勒如是說——然而這種行徑在公司不講道德的世界裡完全是可以接受的。事實上，雷斯勒說他對大富信守誠實原則引以爲傲——他說：「我們告訴你的都是實話。」⑲儘管雷斯勒講得天花亂墜，但以欺騙爲核心的隱藏式行銷，只不過是公司在毫無規範下追求利潤的又一個例子——不止雷斯勒的公司如此，那些雇用他的公司又何嘗不是?更值得注意的是，隱藏式行銷顯示了目前社會的商業化已嚴重到何種地步。

艾迪生學校的財務人員莫伊認爲：「公司基本上已經取代了教會，決定你是誰。公司想獲得的東西和教會一樣，就是服從的子民……繳納該繳的錢，循規蹈矩。」人性既非永遠不變，也非舉世皆同，而往往會反映所居之地的社會秩序。回顧歷史，擁有支配力量的機構賦與子民的角色與認同，往往與機構本身的特質、需求與利益密切配合：就像敬畏神的信衆之於教會、領主與農奴之於封建制度、公民之於民主政府。⑥⓪

隨著公司開始支配社會——其中民營化與商業化是兩項重要因素——公司對人性的看法自然也變爲主流，其影響如何令人思之心驚。因爲畢竟公司在設計上刻意融入精神病患的特性：徹底自私自利、無法關懷他人、漠視道德、沒有良心——簡言之，就是不具人性——而公司的目標，如喬姆斯基所言，就是「務必使與它有互動關係的人，即你我，也變得沒有人性。你必須把關懷別人、同情心或團結意識由腦海中去除……理想的狀況是每個人完全與他人脫離關聯，不關心他人……他們的自我概念，他們的價值觀就是：『我能滿足多少需求？我能夠舉債多少來滿足需求，又毋需擔心償還？如果能創造最小單位是個人或一根試管的社會，人與人之間沒有連結，就再理想不過了。』[61]

喬姆斯基認爲，民營化背後的主要動力並非只有華爾街的利益，也是由於公司希望宣揚它們對人性的特殊理念。例如他指出，美國社會安全制度的民營化，設計上有部分是希望「淡化社會安全一項極其危險的根本原則，亦即……你會關心街頭一名寡婦是否有飯吃。你不該有這種念頭，你應該一心累積財富，忘掉自己以外的一切……學校也是如此，民營化希望削弱公立系統所倚重的社會一體感，也就是我會關心街頭的小孩是否上學。你應該少想這些，因爲你只要爲自己著想就好，不必管別人如何。」[62]

哲學家馬克・金威爾（Mark Kingwell）指出：「就公司的觀點而言，理想的人民是那種貪婪到跡近瘋狂的消費者，受到病態的自利所驅使。」[63]現代公司企業是依據精神病患特質而創造的法人，它們在誕生一百五十年之後，目前正力圖以自己的形象來重塑活生生的眞人。

克瑞斯・巴瑞特（Chris Barrett）以及他的朋友路克・麥卡比（Luke McCabe）是接

受第一美國（First USA）公司資助的兩名年輕人。克瑞斯說，他對這家公司「眞的是赴湯蹈火，在所不辭」。而路克則說，如果第一美國提出要求，他會同意在身上刺上該公司的標記。克利斯說，這樣的刺青是件好事，「等將來你的小孩問你：『爹地，這是什麼？』你可以講幾個很棒的故事。就像我們的父母會講一些戰爭之類的故事，我們可以講接受公司贊助的故事。」路克對此完全贊同。[64]

克利斯與路克是全球首例接受公司贊助的一般個人。這兩名年輕人打算進加州的大學就讀，但前往參加聖地牙哥大學招生說明會之後，發覺每年四萬美元的學費非他們所能負擔。他們垂頭喪氣回到旅館，打開電視，結果恰好看到老虎伍茲（Tiger Woods）戴著耐吉的帽子在打高爾夫。「我們就想到，他可能只要戴這頂帽子出席一場記者會或什麼類似場合，就可以賺進好幾百萬美元。」於是路克靈機一動，他們兩個人可以比老虎伍茲更進一步，把自己的生活，而不只是球賽，全都奉獻給贊助的公司。[65]

兩人成立了一個名爲 Chris And Luke.com 的網站，聲稱如果有公司同意代付大學學費，他們願意成爲代言的活廣告，結果十五家公司表示有興趣。克利斯與路克選擇了第一美國，它的母公司一銀行（Bank One）是全球最大VISA卡銷售商，而大學生正

是該公司充滿商機的市場。㊱

爲回報贊助的學費，第一美國要求兩人向校園內的同學推銷信用卡。根據克利斯的說法，他們要告訴同學：「你需要一張信用卡……你需要學習如何適當地使用信用卡。」除此之外，公司與他們的合約還要求他們必須守法，「我們不能殺人，」克利斯說。他們課業成績也必須維持在C以上。不過並非每件事都包含在合約內，例如兩人是否可以參加反公司的示威活動就未見規定。當問及這點時，克利斯的反應是：「既然我們接受公司的贊助……或許我們可以到那裡幫忙其他學生，讓他們了解或許公司並不像他們想像中那麼壞。」路克也附和說：「那些人，像那些反對公司的人，他們只注意一、兩件壞事，卻看不到公司替社會做的好事。」㊲

克利斯與路克無意與公司唱反調，因此很可能也不致覺得接受贊助讓他們受到拘束。事實上，由於生活受到公司資助，他們心中留下的大都是正面印象。

> 路克：我對公司的世界充滿信心，因爲這個世界會一直存在，所以你們最好也要有信心，否則對你們也沒好處。

克利斯：大家應該了解，公司在盡力做到最好，我是這麼想。它們很努力幫助公司所在的社區與國家。

路克：如果大公司能夠拿出一點點錢，在這裡或那裡花一花，你知道，協助小朋友受教育，這絕對是件好事，或是協助有什麼需要的人……只要它們一直捐一點錢做善事，或是幫忙小朋友上學之類，我認爲就非常好。[68]

克利斯相信，公司往主導社會之路發展，他和路克也算有正面的貢獻。他認爲公司的贊助有可能解決所有的社會問題，包括無家可歸的遊民。有天他在紐約街頭看到一位遊民正在看自己組裝起來的電視，不少路過的人停下脚步，好奇地看這個人看電視。有些人還站到他的身旁拍照。克利斯在其中發現了大好機會。他認爲這位遊民大可找一家公司贊助，好比拍立得（Polaroid）就可以雇一位攝影師，替有意在此留影的人拍照，藉以宣傳該公司的相機。遊民可以領到贊助金，而路過拍照者可以獲得免費的照片。路克認爲，無論是遊民或其他人，都可以由他和克利斯的例子中吸取靈感，因爲這顯示「只要有決心、有意願，盡全力去做，任何人基本上都能實現自己想做的事。」[69]

不過莫爾納（Alex Molnar）與芮夫斯（Joseph Reaves）這兩位評論者卻指出，克利斯與路克的例子「象徵一般人對商業化入侵生活絕大部分領域，愈來愈見怪不怪，而視為理所當然。」⑩我們的社會與生活中，是否有些領域是如此珍貴、脆弱、神聖，或攸關公共權益，因此不容商業化的剝削？如今這種觀念似乎已經不再受到重視。事實上，「社會中存有一種超越我們個人利益的公共權益」的想法漸趨沒落。我們不斷被灌輸的觀念是：商業潛力是衡量一切價值的標準、公司可以自由剝削任何事或任何人來獲取利益、人類是完全自私自利的物慾動物。由這些元素所萌生的秩序，其為禍之烈可能不亞於過去歷史中任何基本教義派。如果一個世界的任何事或任何人，為了利益之故都可被別人所擁有、操控或剝削，那麼最終所有的事與所有的人都會淪落到這種處境。

6 該拿公司怎麼辦？

二十世紀，世界在一路顛簸中邁向更多的民主與人性。新成立的國家擁抱民主的理念，而原有的民主國家則擴張政府參與社會與經濟層面的範疇。西方國家政府爲保障人民免於市場失職與公司剝削之害，在二十世紀中葉推動廣泛的運動，例如美國羅斯福總統的新政以及稍後的一些措施，就屬於這類運動中的社會方案與經濟管制。然而到了二十世紀後半葉，政府開始撤守。來自公司游說以及全球化的壓力，使得新自由主義的政策逐漸當道。解除管制使公司免於法律的拘束，而民營化則讓公司得以掌控以往不得插手的社會範疇。到了二十世紀結束時，公司業已成爲全球的主導性機構。

回顧歷史，曾經呼風喚雨的機構都難長保榮景。偉大的帝國、教會、王朝、東歐共產黨，不是遭到推翻，就是趨於式微，或融入新秩序之中。公司未來似乎也逃不過這種歷史宿命。公司不但未能解決一些全球最急迫的問題，反而還使其雪上加霜：貧窮、戰爭、環境破壞、疾病問題。也有愈來愈多人——社會運動人士、美國保守派、全球貧窮與弱勢人口，甚至還有些企業領導人——認爲應強調人性價値，而不該再容忍公司把貪婪合理化，把謀求私利視爲至高準則。雖然公司資本主義的崩潰尚未迫在眉睫，但一般人對公司制度的不安卻日益升高。目前棘手的問題是：我們該拿公司怎麼辦？

一九九七年十一月二十五日，由我位於英屬哥倫比亞大學（University of British Columbia）的辦公室望出去，可以看到好幾千名學生由教室與宿舍蜂湧而出，衝過校園，與警察圍成的人牆對峙。這些學生抗議的是亞太經合組織（APEC）高峰會，當時參加的世界各國領袖有美國柯林頓總統與印尼蘇哈托總統，討論的主題是促進經濟全球化的自由貿易協定。我冒險走出辦公室——一手拿著憲法，一手拿著借書證，好證明自己是本校法學教授的身份——希望保障學生的公民權不致受到情緒激動的警察所阻撓。當然，我的努力徒勞無功。

眞正讓我驚訝的是居然會有這場抗議行動。我原本認爲，一九九〇年代中期的北美大學生大多忙著投資組合，而不是社會運動。然而眼前卻有幾千名大學生無懼辛辣的噴霧與警方的棍棒，挺身爲理念而戰。更不尋常的是，學生們對公司發出抗議——反對它們破壞環境、剝削勞工、藐視人權。自從一九三〇年代大蕭條以來，公司又再度回到政治異議人士的聚光燈下——其間因民權運動、越戰、種族與性別抗爭等其他課題，而一度相形失色。由一九九〇年代後期到二〇〇〇年代初期，不論經濟全球化會議在何處舉行，都免不了受到抗議者的包圍。一九九七年溫哥華的APEC抗議事件後不久，西雅圖也因舉行WTO會議而引發大規模的激烈示威——媒體甚至稱之爲「西雅圖之役」。類似的抗議很快蔓延北美與歐洲各地，最近的一次是二〇〇三年日內瓦的G八會議。

雖然有些企業領導人把反全球化的抗議人士貶爲無知、邊緣化的不滿分子，但大部分企業家其實十分清楚，成千上萬人聚集街頭，不惜冒著受傷甚至送命的危險來表達理念，其實反映出社會的憤怒已經達到普遍而高漲的地步。《商業週刊》提出警告說：「如果不把過去幾年來西雅圖、華府與布拉格的抗議當回事，實在是大錯特錯。許多領導抗議的激進分子或許政治力量微薄……但如果對全球資本主義的缺失置之不理，未來反撲的力道可能更爲增強。」①

曾任職銀行界並擔任哈佛甘迺迪政府學院企業與政府中心主任的艾拉・傑克森提出警告說，反全球化抗議是一項訊號，透露企業可能已經玩過頭了。他認爲資本主義雖然戰勝共產主義，然而對公司體制的憎恨如滾雪球般擴大，其反撲的影響所及遠遠不限於西雅圖、達佛斯（Davos）與布拉格的街頭。他說：「現在可不是企業在麗池飯店大宴賓客的適當時刻。雖然資本主義沒有競爭對手，而且主宰世界……但許多人卻給拋在後頭，這可能形成仇恨與反撲的潛在源頭。」②傑克森還指出，眼看全球半數人口於貧窮中度日，而且地球的生態災難逐漸逼進，除非公司能洗心革面，否則馬克斯「資本主義終將滅亡於自身的過剩上」的預言可能眞會實現。他認爲，馬克斯與恩格斯的〈共產黨宣言〉之所以能打動人心，乃是因爲和《聖經》類似，都是一種道德規範。資本主義的問題在於，這個全球化的神學沒有道德，沒有一本《聖經》。他警告說，這是非常危險的——「我們的企業如果都一些亂七八糟的混蛋，將無法在全球架構下生存。資本主義在道德上需要有能與〈共產黨宣言〉相當的東西，一則資本主義的宣言。」③

在安隆案以及後來一些弊案爆發前，哈佛商學院的巴達拉可教授曾指出，反全球化抗爭儘管引人注目，卻未能獲得美國中產階級的回響。不過他也預言，如果發生一些政商牽扯不清的弊案，中產階級出於對公司的憤怒，也可能會加入反全球化的行列。現在弊案眞的接踵而至，導致一般人對公司的不信任日益高漲，也許已不亞於經濟大蕭條年代。④

最近，有三位世界頂尖的企業思想家——哈佛大學的羅勃・西蒙斯（Robert Simons）、麥吉爾大學的亨利・明茲柏格（Henry Mintzberg）、牛津大學的庫納爾・巴蘇（Kunal Basu）——聯合爲公司起草一項宣言。他們警告說，資本主義正面臨危機，華爾街醜聞只是黑暗冰山的一角，基本的癥結在於「一個日益由自私自利所主宰的文化」，這個文化使得我們所珍視的企業有遭到摧毀之虞。他們指責執行長們學會把「公司的存在是爲追求股東價值極大化」當成漫不經心的口頭禪，而且相信自利乃是企業的首要法則。另一方面，企業界人士普遍相信「水漲船高」，認爲經濟發展可使人人受惠，以合理化看似圖利自己的行爲，殊不知實情並非如此——三位教授指出：「在長達十年經濟榮景的高峰期，美國每六名兒童就有一人屬於官方定義的貧窮人口，二六％的勞動人口靠貧窮水準的薪資度日……三〇％以上美國家庭的財富淨值——包括房屋與投資——低於一萬美元。」他們認爲，「近期反全球化的浪潮，有一大部分要歸咎於資本主義未能信守對貧窮國家窮人的承諾——他們的船並沒有因水漲而升高。」⑤

不少企業界與其他人士也同意三位教授的觀點。那麼，該如何解決公司當前的困境？以往當人民對公司失去信心時，會求助於政府，至少上個世紀的情況是如此。然而，今天許多企業領導人堅信，政府管制不宜再做爲抑制公司損害的選擇方案，他們看好市場是公司行爲最有力、最適當的管制者。

傑克森指出：「我們需要的不是更愛管閒事的政府。當政府撤守、當民衆對公家機構的信心如此低落、當公司與資本主義如此強而有力，解決之道握在市場而非政府手中。顧客、消費者與受雇員工是新資本主義的國王與王后，我們必須開始負責任地行使權力與機會。」他認爲，「企業領導人之所以擁抱社會責任，並不是因爲他們是社會主義人士，也不是政府拿槍強迫他們，或是他們突然讀到一本關於超覺靜坐或全球道德之類的書籍，而是因爲體認到市場要求他們這麼做，因爲這麼做可獲得競爭優勢。」因此英國石油的布朗尼是傑克森心目中理想的ＣＥＯ：「他不會把道德顯露在外，隨時掛在嘴上。

他並不認爲英國石油成立的目的，是爲了可以做更多的善事。他與其他人士努力以赴，以這些新的社會責任原則做爲企業行事規範，原因是市場已經改變。」

他指出，布朗尼與其他有社會責任感的企業領袖了解，利潤與良心並不相互牴觸，而且兩者合在一起還能發揮綜效——「讓一加一有機會等於五、七或九。」⑥

不少企業精英附和傑克森的觀點。例如博森－馬斯特拉的執行長柯米沙耶夫斯基就表示：「公司的社會責任是今天公司的使命，它們別無選擇。如果你看看研究結果，就會發現意見領袖都在告訴公司：『沒錯，我們希望你賺錢，可是要用正當的方法，而且該以負責任的方式。我們不希望你破壞環境、敗壞道德、侵害人民的權利。我們希望你行爲正當，而且也會監督你爲自己的行爲負責。』」

輝瑞的麥金涅也表同意：「如果你所設定的使命是以犧牲其他人來獲取最大利潤，那些『其他人』就會視你爲問題的根源。」英國石油的布朗尼相信人們對公司的不安之感——他稱之爲「住在公衆情緒裡安靜的怪物」——可經由公司的社會責任加以馴服。他指出：「如果要再次贏得大衆的接納與信任，我們必須要進步。」⑦

孟克也與傑克森的看法相同，認爲解決之道在於市場，而不是更多的政府管制，因此他指出：「政府的干預沒有必要，如果有正確的資訊，市場就可以做適當的回應。」不過他是借重股票市場爲抑制公司不當行爲的工具，而非消費者市場。⑧由於現在許多人都持有股票，通常是透過年金計畫，因此股東大可做爲公共利益的代理人，運用他們身爲股東的力量來保障社會與環境不致受公司不當行爲之害：

> 兩者［年金計畫股東與一般大衆］的重合度愈來愈高……就非常實質意義而言，年金計畫的股東就是大衆。這些領取年金者和一般人相同，都希望領到的給付足以過舒服日子，但也希望住在一個文明、乾淨與安全的世界。⑨

因此孟克倡議，股東應成爲一股「有效能、有知識、稱職的抗衡力量，讓管理階層必須向他們負責」，如此原本公民需透過政治過程來追求的事情，現在大都可以經由股東身份來解決。孟克稱這種觀念爲信託式資本主義（fiduciary capitalism），其用意在於「恢復公司形態尚未出現以前所有權的古老價值，這種價值在漫長的現代似乎已遭公司遺忘。」⑩

無論是孟克「股東做爲公共利益代理人」的主張，還是在傑克森的模型中，由消費者扮演這樣的角色，兩者都有相同的中心理念：公司至少有一大部分可以、也應該由市場而非政府加以控制。在這些模型中，一般人決定要買什麼產品或哪支股票，都希望帶有「政治」色彩，如此才能由公共利益觀點有效約束公司的行爲。傑克森與孟克的主張分別代表兩種更廣泛的理念，即「消費者民主」（consumer democray）與「股東民主」（shareholder democraycy）。這類模型並非全無道理，因爲公司有時的確會修正本身的行爲來取悅或安撫股東與消費者。然而若與政府管制相比，這些作法無論就有效性或可靠性都遠遠不足以取而代之。

民主制度的基本前提是，身爲公民，所有人都是平等的，至少在政治領域是如此，不論財富或社會地位如何，一人都有一票。因此以公司的問題而言，每位公民對這些勢力龐大機構的行事都有相等的發言權。如果將對公司的管制由政府移交到市場，等於剝奪市民經由政治過程的參與，而變成「一元一票」的制度。政治經濟學者艾蓮・柏納德（Elaine Bernard）說：「至少在民主制度中，人人在形式上是平等的，無分貴賤，都只有一票。但在市場上，貧富的力量完全不對等，一方擁有的巨大力量，足以將另一方徹底摧毀。這就是以往我們一直認爲有必要管制市場的原因之一。」⑪

傑克森所言消費者是新資本主義的國王與皇后，其實不經意地忽略掉一個事實：全球人口仍有大半貧窮到根本無法參與消費者經濟——其實傑克森自己也說過，「有三十億人仍生活在貧窮之中」。就算能參與消費者市場，各人可支配所得往往也有天壤之別，也就是有些人的「選票」很多，而有些人卻很少，這遠遠稱不上民主。

再者，傑克森假設消費者決定購買什麼產品時，會考量社會或環保目的，其實也値得懷疑。典型的消費者可以用克納罕在沃爾瑪玩具部門碰到的一名婦女爲代表。當克納罕問她是否關心玩具製造的地點與過程時，她回答說：「我覺得很難過……我聽過好多可怕的事；可是我能怎麼辦？我的小孩要這些玩具。」哈佛商學院的史帕也同意克納罕的觀察，認爲沒有資料可以證實一般人的購買習慣會因爲社會或環保的考量而變更。⑫

孟克以股東爲「公共利益代理人」的想法和傑克森的模型相同，也假設一塊錢（或更精確地說，一股）等於一票。雖然美國有約半數人口手中持有公司股票，能夠參與「股東民主」，但另外半數人完全無法享有這項權利。而且就算半數有股票的人，他們大多持有的股數也不多，因此投票權極爲有限。至於在開發中國家，擁有股票者寥寥可數，股東民主的說法就更難成立。再者，即使股東的確關心社會與環保課題，他們買賣或持有股票的決定，主要還是取決於本身金錢利益的考量。事實上，孟克本身的工作就完全著眼於保障客戶長期的財務利益。他曾協助整頓許多公司，但問及他在是否曾在這種過程中設法降低公司外部性造成的損害，他的答覆是：「沒有。」⑬

最後，就算有相當數量的消費者與股東願意在決策時考量社會與環保課題，還是會面對一個大問題：如何取得必要的資訊，讓這套制度可以有效運作？公司顯然沒有意願向大衆公開自己的不當作爲，就算有些非政府組織努力監督，並利用網際網路的傳播來強化效果，但仍受限於經費拮据，也沒有合法權限可強制公司揭露資訊。這些組織無法替代管制機構，因爲後者擁有必要的資源與法定的權力，可進行現場視察與強制揭露，要求公司必須符合標準。根據史帕的說法，雖然公司的不當行徑偶爾會遭非政府組織或媒體揭發，但過程往往零星而無效率，就像把快速移動的聚光燈打在公司身上，而不是固定而強力的泛光燈。她指出：「你必須要結合道德與市場規範，還有正式的政府約束。反正你無法靠媒體或公共壓力來告訴公司該做什麼。」⑭

克納罕在開發中國家的垃圾堆中過濾線索，尋找血汗工廠的藏身之地以及內部狀況，他對非政府組織的局限相當清楚，因爲他自己的全國勞工委員會正是一例。他同意史帕的觀點，認爲正式的政府約束有其必要，他也相信有效的政府管制是杜絕公司不當行爲的唯一希望。他指出，類似他所屬的非政府組織可以補充民主過程的不足，而不是取而代之。這些組織可以提供人民相關的教育與資訊，使他們有能力要求政府制定管制公司不當作爲的法規，而最終的目標是讓這些法規趨於完備。克納罕指出：「如果沒有可以貫徹執行的人權與勞工權利標準，將無法終結全球的血汗工廠經濟。單靠自願性的規範、民營化與監督絕對成不了事。絕無可能。一定要靠法律。」⑮

許多社運人士同意克納罕的看法，認爲任何有效扼阻公司損害與剝削的策略，其核心必然是由政府制定並得以落實的法律——也就是管制。波士頓屈里安資產管理公司（Trillium Asset Management）是以社會關懷爲導向的投資公司，近期與綠色和平以及其他環保團體合作，希望透過股東決議來阻止英國石油在阿拉斯加海岸平原開鑿油田。任職於該公司的賽門・畢連尼斯（Simon Billenness）指出，認爲非官方的解決方案能取代政府的管制，無異癡人說夢。他說：「股東決議雖然有助於喚起大衆對公司不當行爲的注意，但這些決議無法在任何層面取代有效的政府管制……關心社會的投資人與其他社運人士雖然可以抓住公司的小辮子，但公司最終必須受到民主化的控制，也就是管制。」⑯

一九三三年，美國最高法院法官布蘭代斯將公司比做「科學怪人」。這個說法並非純粹賣弄文字，因爲政府一手創造了公司，一如小說中法蘭康斯坦博士（Dr. Frankenstein）一手創造了科學怪人，而且一旦給創造出來，公司和科學怪人一樣，隱然對自己的創造者構成威脅。管制體系的設計在於約束如科學怪人的公司不致爲害，這也是布蘭代斯法官爲何引用科學怪人爲例陳述他的法律見解。⑰

管制無論是爲了保護環境不受破壞，保障工人不致傷亡，還是避免消費者受到不當與危險產品或不實廣告之害，都是以法律要求公司對社會與環境負責，而不寄望公司能主動負起責任。政府和公司不同，它念茲在茲的目標，就是保障與促進公共利益，並反映人民的意願，而管制就是反映政府爲公司行爲設定的適當標準。政府管制異於以市場爲基礎的解決方案，乃是結合權威、能力以及民主的適法性，保障人民免於公司不當行爲之害。由此政府得以追求各種社會價值——如民主、社會正義、人民的健康與福利、環境保育、文化認同等，這與公司或市場行為只講求私利與財富極大化等狹窄目標截然不同。

倡言政府應大幅解除管制的傅利曼有句名言：「天下沒有白吃的午餐。」這句話也適用於解除管制上。管制會帶來一些成本，而解除管制後也會因消除這些成本而獲益。一旦防止公司將成本外部化的限制解禁，公司獲利將會提高；消費者有時也可獲得降價的好處；而管制機構的預算裁減，能節省政府以及納稅人的支出。不過在大多數的情況下，解除管制所節省的成本會換到別處出現——我們前幾章提過許多因公司不當行為而造成損害的案例，如果不是缺乏有效的管制，或許這些問題都不會發生。⑱

管制的用意是強制公司承擔應負的成本，不致讓外部性損及社會或環境。如果管制設計得當並有效落實，應該可以防止公司危害或剝削個人、社會與環境。解除管制實際上是一種「去民主化」，因為人民會因而無從透過政府內的民主代表發揮力量，也就是喪失目前唯一能正式控制公司行為的政治工具。

雖然如此，除了企業界之外，還是有愈來愈多社會運動者也希望避免由政府解決的方式。他們的想法不無道理，那就是政府已經喪失約束公司權力的能力。因此他們主張民衆直接與公司正面交鋒，例如透過街頭運動、非政府組織或社區結盟，而毋需仰仗政府制定解決之道。美體小舖創辦人羅迪克說：「我們應該直接對準企業，根本不用去勞駕政府。」⑲這種觀點其實相當普遍，就反全球化運動的納歐米・克連（Naomi Klein）也認爲：「在我們眼中，公司是這個時代最有力量的政治實體，因此我們以人民對政府組織的方式回應它們……公司成爲抗爭的新地點……我們不會在星期天下午沒人的時候到政府門口抗議，反而會到第五大道的耐吉城（Niketown）外面抗議。」⑳

雖說少了衝勁十足的非政府機構、社會運動與政治異議人士，反公司濫權的行動將難以爲繼，但如果認爲這些可以取代政府管制，而不是只當作必要的輔助力量，則是非常危險的錯誤。如果反公司濫權的人士哪天真的放棄政府的力量，必定有許多公司大老闆與他們的支持者高喊謝天謝地。畢竟不少企業領導人衷心盼望的是：以市場力量取代政府對公司的管制，由非政府組織的監督（沒有法定權力）以及有良心的消費者與股東的要求（效果相當微小）做爲主導力量。在這個場景中，公司握有國家所有強制力量與資源，而人民只剩下非政府組織與市場那隻看不見的手——套句蕭伯納（George Bernard Shaw）的用語，富人的社會主義與窮人的資本主義。

如果一種制度要倚賴市場力量與非政府組織來敦促公司負起社會責任，其實並無民主可言。仁慈的公司或許好過邪惡的公司，一如仁慈的專制者優於邪惡的專制者，但如同喬姆斯基所言：「最好先問問我們爲什麼會有專制，而不是專制者是否仁慈。」公司並非民主的機構——董事與經理人除了聘用他們的股東之外，不對任何人負責。如果認爲透過市場力量即可讓公司行爲仁慈並負起社會責任，因此政府管制並無必要，其實是過度貶低民主的重要性。民主政府縱有多項缺失，至少由理論上而言要對整個社會負責。[21]

不容諱言，現行管制體系在實際運作時確與原先的民主理想有段差距。經濟學者喬治‧史帝格勒（George Stigler）在一九六〇年代曾提出「管制的俘虜」（regulatory capture）一詞，來形容公司透過游說與選擇性資訊分享而普遍主導了管制機構的情況；許多公司把違反管制法規視爲家常便飯，相信自己不會給抓到，就算給抓到，罰款金額也不會超過違規帶來的利益，管制機構往往人手不足、權責不明、充滿官僚氣息，許多人員來自受管制的產業，甚至以業界夥伴自居，忘記應扮演的監督者角色；管制法規設定的標準往往無法防患未然，只是被動地反應，而且力道薄弱，不足以阻止公司對人民與環境造

成嚴重傷害。㉒

更廣泛而言，民主體制整體上並未達成它原本令人振奮的理念。公衆普遍參與的自我管理只是空談，因爲人民的參與只限於偶爾舉行的投票，何況半數人根本連票也不去投；政治人物受到公司以金錢不當施壓與操控，政府決策權限也日漸遭到剝奪，而且解除管制與民營化更壓縮了政府的地盤；公共領域正在萎縮，而社會不公平則更見猖獗。然而儘管如此，正如喬姆斯基所言：「不論你對政府觀感如何，你還是認爲它多少對公衆負責任，縱使幅度相當有限。但是公司在這方面則是零……爲什麼一些宣傳要讓你敵視政府，原因就是政府還算現存機構中多少可讓人民參與的一個，能對專制而不負責的力量加以約束。」㉓

雖然現有的管制體系與政治制度有其缺失，難符民主的理想，但畢竟還有機會以民主的方式管理社會，這是公司、市場與非政府組織共管下做不到的。因此目前我們不應放棄民主機構，而是要重振其活力，以期能更眞實反映民主首創時的理想。

問題是，目前是否爲時已晚？政府是否已深受公司勢力宰制而無法翻身？有時看來的確如此。公司不可一世的例證比比皆是：公司規模大到令人咋舌，有些營業額令一些小國的經濟相形見絀；公司經營跨越國界；還有就是公司對社會的控制與對政府的影響。有人認爲經濟的全球化以及公司在更多層面取得主導性，讓公司已然擺脫政府掌握，甚至可能到了無法挽回的地步。然而這種論點看似有理，卻忽略了一項重要事實，即公司的存在完全取決於政府，因此至少從理論上而言，公司永遠在政府控制之中。

在原始的構想上，公司是一個公共機構，目的在爲國家利益服務並提升公共福祉。如十七世紀的英格蘭，哈德遜灣公司（Hudson's Bay Company）與東印度公司（East India Company）乃是由國王特許，在大英帝國殖民地經營國家壟斷性的生意。十八世紀到十九世紀初的英國與美國，設立公司主要也是基於公共目的，如修建運河與輸水。現代追求利潤的公司，在設計上純粹考量如何增進所有人的「私人」利益，實與早期形態的公司截然不同。不過兩者在一個重要層面仍然相同：從以前到現在，公司一直是公共政策的產物，由國家所創造。

國家是世界上唯一能賦與公司生命的機構。唯有國家能給予公司重要的權利，如法人身份與有限債務，同時能強制公司把利潤放在首位。國家建立警察、軍隊，並且興建法院與監獄（所有費用均強制由人民支付），以保障公司的財產權——而財產權本身亦爲國家所創造。只有國家可以透過與其他國家的合作，處理國際貿易事務，並成立全球性機構，如WTO，而這一機構又反過頭來限制了國家管制它一手成立的公司及其財產權的能力。

沒有國家，公司什麼都不是。眞的什麼都不是。

因此別誤認公司現在變得強勢，國家就因而變得弱勢。經濟全球化與解除管制削弱了國家保障公共權益的能力（透過如勞動、環保與消費者保護等法規），也同時強化了國家提升公司權益與促進公司追求利潤使命的力量（透過如公司法、財產與契約法、著作權法、國際貿易法等）。不過整體而言，國家的力量並未削弱，而是經過重新分配，與公司的需求及權益更緊密地聯結，卻與公衆的需求與權益更爲疏遠。丹尼爾・葉金（Daniel Yergin）與約瑟夫・史丹尼斯勞（Joseph Stanislaw）在《制高點》（*The Commanding Heights*）中提到：「國家傳統上對經濟制高點的控制力，正持續消退中，而使其逐漸落入市場的管轄之下。」[24]這一論點只能算部分正確，因爲國家保障人民免受公司侵害的角色固然式微，但反過來保障公司免受人民干擾的角色卻在擴張。

問題的重點不是國家「是否」管制公司——因爲國家永遠如此——而是「如何」管制，又爲了誰的權益。受到「公司乃自然實體（natural entity）」以及「公司乃獨立法人」等觀念所矇蔽，我們常會忘記公司其實全靠國家創造並賦與權力，而從「公司係由國家創造」所引申出的國家管制的立論基礎，也連帶遭到摧毀。這就是歷史學者莫頓・霍維茲（Morton Horwitz）如何解析自然實體理論對於意識形態的作用。㉕

新政的推行者了解這點。他們知道，爲促進公共利益而設計的管制措施，其合法性會因自然實體理論以及相關的放任原則而受到動搖。因此他們揚棄這些理念，重拾以往「公司與市場乃政府創造的產物」的觀念。一位支持新政的人士於一九三五年寫道：「放任主義者所提倡的免於管制之自由顯然並不存在，而且也很難想像。公司之所以擁有議價的力量，完全是因爲政府保障被議價的財產權，同時公司的議價權力也受到政府控制。」㉖其實這種觀念早在新政之前就已存在，如海爾（Robert Hale）在一九二二年說：「目前經濟的情況，至少有部分是取決於政府過去有關公共領域的分配政策，這是相當顯而易見的。放任主義只是烏托邦式的夢想，從來不曾、也永遠不會實現。」㉗新政的勞工法規中最重要的諾里斯—拉瓜迪亞法（Norris-LaGuardia Act），在提出限制雇主財產權的主張時，也陳述了類似的邏輯做爲立論根據：

> 在目前經濟狀況下，財產所有人在政府協助下組織公司或其他形式的所有權組合，而個別勞工卻通常孤立無援，無法履行眞正的契約自由來保障自己的勞動自由，從而獲得合理的雇用條件。㉘

沒有國家，公司不可能存在，市場亦復如此。解除管制並非限縮國家對公司的參與，而只是改變了參與的性質。

既然公司是國家的產物，因此也必須適用所有政府政策的評量標準：是否符合公共利益？十九世紀的法官與立法者雖然將公司重塑爲自利性的機構，但也從未眞正揚棄這一理念。在那個放任主義盛行的年代，他們所接納的是公共利益的一個新觀念，認爲如果個人（公司也包括在內）可以不受政府干預而追求自我利益，就最符合公共利益。

在這個理念下產生了一種循環論證，肯定政府對企業利益提供的協助。也就是說，既然促進公司利益可以提升公共利益，因此要提升公共利益，可以透過促進公司利益來達成。正如曾任通用汽車總裁與美國國防部長的查爾斯·威爾森（Charles Wilson）一九三〇年代在參議院小組會議上所言：「對通用有利之事，對國家亦有利。」以製造業爲產業主力的德拉瓦州（財星五百大與紐約證券交易所的公司有一半設籍於此；該州二七%的歲收來自公司設立的收費），該州負責公司事務的州務卿哈莉葉·史密斯·溫莎（Harriet Smith Windsor）也抱持類似的邏輯，她指出：「我們的法律旨在協助企業，滿足它們的需求。」而她的助理則補充說：「我們擬定的法規，是希望能有助於企業的繁榮發展以及人民便於取得資本。」然而，只有假設對企業最有利者對公衆亦最有利，這樣的政策才能算是良好政策——而今天許多政策正是源自這樣的假設。㉙

由此可知，與公司相關的法律與政策乃是立基於公共利益的概念——儘管定義上可能相當狹隘——也就證實這個概念仍然是衡量公司價值與合法性的最終準繩。大多數公司法都允許政府在確信公司已嚴重違反公共利益的情況下，得以解散公司，或訴請法院下令解散，其實就明確反映出這點。撤銷公司登記許可的條文始終存在於公司法之中，顯示政府可以輕易地終結公司，一如可以輕易地讓公司設立，同時也提醒一個常被我們遺忘的觀念：在民主制度下，公司的生存取決於人民的意向，也受人民的管轄。紐約檢察總長艾利歐特・史匹澤（Eliot Spitzer）談及這些法規時說：「如果公司屢犯重罪，危害人民性命或摧毀我們的環境，就應該處以死刑。這時除了公司不能存續，資產也應沒收，然後公開拍賣。」㉚

法律學者羅勃・班森（Robert Benson）最近引用加州撤銷公司登記的法律規定，訴請州檢察總長解散加州聯合石油公司（Union Oil Company of California）。他認爲撤銷公司登記是「極爲隱蔽的祕密」：

> 一般人有種錯誤的看法，認爲要糾正這些前科累累的大型公司，只能一次處理有毒物質排放，一次處理不當裁員，一次處理違反人權。其實法律一直賦與檢察總長有權要求法院，針對公司錯誤行爲逕自予以解散，並將其資產出售給願以符合公共利益方式經營的其他人。㉛

班森在一百二十七頁致檢察總長的申請書中，對聯合石油的犯行舉證歷歷：該公司在一項石油輸送管方案上與非法的緬甸軍政府合作，除利用奴工外，並強迫整個村落遷移；該公司曾與阿富汗前塔利班（Taliban）政權合作，而該政權早在美國出兵攻打前即以違反人權而惡名昭彰；該公司還長期違反加州環境與員工安全法規。

這項申請在遞交五天後遭到檢察總長辦公室駁回，不過班森自始就不曾預期他的申請會成功。雖然政府常訴諸撤銷登記的法律，解散技術性觸法的小公司（加州在二〇〇一至二〇〇二年下令五萬八千家逃稅或未提交合格報表的公司暫停營業，㉜而德拉瓦州在同一時期亦對近三萬家公司作同樣處罰。㉝），但對嚴重違法的大公司卻很少祭出這招。連安隆都得以逃過這項死刑宣判，繼續以公司實體的形式存在。班森指出：「我向來不認爲提起撤銷登記之訴的最大效用，是可以除掉像聯合石油或其他這類公司，我認爲這樣做的效用在於改變輿論對公司違法行爲的態度。我認爲我們在這方面有點貢獻。」㉞他指出，撤銷公司登記的法條象徵公司是人民所創造的，我們仍握有控制公司的力量。

時至今日，我們應該好好運用這種力量，除了訴諸撤銷登記的法律規定，也應該讓公司更普遍受到強而有力的民主監督。公司並非管制機構必須尊重的獨立個人，擁有自己的權利、需求與欲望，而只是國家爲強化社會與經濟政策所創造的工具。因此，公司的目的只有一個：爲公共利益服務（而非如一些公共利益的循環論證，將公共利益等同於企業利益）。我們必須努力讓企業的作爲符合這個目的。然而目前公司既然帶有精神病患的特質，該如何讓它們懂得尊敬並促進公共利益？

該拿公司怎麼辦？這是我們現在面臨最急迫也最困難的問題之一。這個問題沒有簡單的答案——沒有現成的改革藍圖——對於那些自稱可提供簡單答案的人，我們最好提高警覺。我們替自己的社會製造了棘手的問題。過去三百年來，我們創造了一具高效率的財富製造機，但現在機器已經失控。這個問題的解決，最終必須以民主方式由「人民」來決定，而不是靠我這個坐在電腦前的法律教授，但我仍願就未來可行方向提出一些基本看法。

首先，針對公司治理修修補補並不足夠。安隆案之後，各項改革公司治理的建議與方案紛紛出爐，如薩邦尼斯—歐克斯雷法，應可強化經理人與董事對投資人應負的責任，不過在改善公司對社會整體的責任上卻毫無助益。至於一些更廣泛的改革，如加強購併的限制、利害關係人（stakeholder，如工會代表）參與董事會、要求公司主管在企業決策中考量利害關係人權益的法律規定等等，雖然有正面效果，但在強化公司的社會責任上也起不了多大作用。

至於在另一個極端，以「無公司」的未來爲基礎而提出的建議，對於如何解決當前的公司問題並沒有答案。社會運動者范達納・席瓦（Vandana Shiva）認爲：「好幾百萬人都在說，我們不僅不需要公司，還可以有更好的辦法。我們要創造一個滋養地球、滋養人類的制度。」這種看法雖然不無道理，但至少就目前而言，沒有公司的未來還只是不切實際的空想。哈佛商學院的學者巴達拉可說：「公司這種機構還會存續一段很長時間。公司或許會遭遇一段時期的困境——其實一、二十年前就碰過——但我認爲公司已展現過它的韌性，而且還能把握機會成長得更爲堅強，實在令人感到驚訝。」雖然以往的歷史證明，再強大的機構在歲月長河中終將衰微，但至少在未來相當長的期間內，公司仍會繼續在我們社會中存在並擁有強大力量，應該是相當合理的假設，而且各項規畫也應以此做爲前提。㉟

是否可以把公司改頭換面，使它不再具有精神病的特質？倡導社會責任與管理倫理的人士聲稱，這正是他們目前努力的事情。只不過他們立意雖好，但卻深深受到局限，因爲正如我在前面各章一再提到，公司法律上唯一使命就是追求本身的私利。如果想對公司進行有意義的改造，就必須變更這項規定，讓公司不再只爲本身與股東考量，而能著眼於社會更廣泛的領域。其實這種公司已經存在，而且我們每天都和它們打交道，美國郵政就是一個例子，它是完全由美國聯邦政府所擁有的自給自足型公司，它的法定使命有如下規定：

> 郵政的基本功能是爲全民個人、教育、著作與企業的通訊提供郵政服務，以達成促進國家團結的任務。郵政應提供各領域顧客快速、可靠而有效率的服務，並提供所有社區郵政服務。㊱

在其他許多公共服務領域中，如運輸、公用事業、廣播、安全與救援服務等，也可以看到公共目的公司，而且正如第四章所言，就提供關鍵性公共方案與服務上要優於營利的公司。

難道所有的公司都該變爲公共目的嗎？這是否是當前公司問題的解決之道？就算這

種方法看起來再理想，目前仍屬烏托邦式空想。因此在未來的短期到中期——也就是我們明天、下星期、明年可以做的——還是得假設公司的構造仍然一如現在：自私到病態的地步。不過在此要強調一點，公司的組織反映的是資本主義的放任原則，因此這方面的改變必須著眼於更大規模的經濟變革計畫。

現在的挑戰是找到控制公司的方法，讓公司受到民主的限制，並保障人民免受危害——當然我們長期的目標仍是致力於建立更人性、更民主的經濟秩序。因此現行最佳、或至少最實際的策略，是提升政府管制的合法性、有效性，並做到權責分明。以下是我就此提出的一些建議：

改善管制體系

· 政府的管制應重新構思並立法，成爲將公司納於民主控制下的主要手段，同時確保公司能尊重人民、社會與環境的權益。

· 爲提高管制效力，應充實執法機構人力到合理水準；提高罰款金額以發揮嚇阻作用；加強高階董事與經理人對公司不法行爲應負的責任；禁止屢犯公司取得政府合約；勒令明顯且持續危害公共利益的公司暫停營業。

·保障環境與人民健康與安全的法規應立基於預警原則，禁止公司從事可能導致危害的行爲，即使並無明確證據可證明這種危害將會發生。

·管制體系應改善權責不明的問題，避免企業對公司的挾制以及中央集權與官僚化的傾向。地方政府單位應在管制體系中扮演更重要的角色，因爲和聯邦與州級機構相比，一般民衆比較容易接觸地方政府，而且地方政府也比較願意就特定課題與人民團體聯手合作。

·工會與其他勞工組織對公司行爲的監督與管制應予保障並強化，其他如環保、消費者、人權與其他組織，凡其權益與成員會受到公司行爲影響者也是如此。

強化政治的民主

·選舉應由公費支應，取消公司政治獻金，並更嚴格地限制游說以及政府與企業人事交流的「旋轉門」。雖然公司可適度向政府陳述關切的事項，同時在政策制定上與政府合作，但公司目前所享受政府「夥伴」的待遇，卻會危及民主程序。公司

的影響力至少應縮減到與其他機構——如工會、環保與消費者團體、人權組織——較爲對等的程度。㊲

．選舉應改採如比例代表制等改革，讓新的聲音得以進入政治體系，並鼓勵失望的選民重新參與。

打造強勁的公共領域

．如判定社會團體或社會利益攸關公共福祉，或極爲珍貴、易受損傷，或具有道德聖性，不容公司剝削者，都應受到公共體制的管理與保護。至於該保護的程度、應採行的保護措施，以及應受保護的團體或權益——兒童的心靈與想像力、中小學、大學、文化機構、自來水與電力、健康與福利服務、警察、法院、監獄、消防、公園、自然保護區、基因與其他生物物質、公共空間等都是可能的對象——必然會有爭議存在，不過這些爭議是健康的，總比目前愈來愈多人認定公共利益就只是個別公司、消費者與股東金錢利益的累積來得健康的多。

挑戰國際新自由主義

·各國應合作扭轉WTO、國際貨幣基金（IMF）與世界銀行（World Bank）等國際組織的意識型態與行事手法，擺脫基本教義派的市場理論及其解除管制與民營化的主張。其實這些機構目前意識型態偏頗並非根深柢固，因爲當初在布列敦森林（Bretton Woods）所制定的相關規章，反映的乃是約翰·梅納得·凱因斯（John Maynard Keynes）的經濟理論，與這些機構目前的方向大相逕庭。

最重要的，我們不可忘記一個最有力的事實：公司是我們一手創造的。公司的生命、權力與能力，不出我們透過政府賦與它們的範圍。

奧斯卡·歐利維拉（Oscar Olivera）是玻利維亞一名工會幹部，曾領導反對可恰邦巴（Cochabamba）自來水系統民營化的群衆抗爭。他說：「我們生活在充滿恐懼的世界。人們害怕黑暗、害怕丟掉工作、害怕說話、害怕表達意見、害怕行動。現在該是我們忘掉恐懼的時候……培養團結、組織的能力，恢復對自己與他人的信心。」歐利維亞等人最近在可恰邦巴的行動，正是這一席話的最佳實踐。㊳

事情源自玻國政府受到世界銀行壓力，推動自來水民營化，於是與國際水公司（International Water Ltd.）一家子公司 Aguas del Tunari 簽約，負責經營玻國中部乾旱的可恰邦巴地區供水系統。當時可恰邦巴的供水系統老化破舊，而且無法送達許多農民居住的鄉村。Aguas del Tunari 接手之後，把水價調漲三倍，還向從自家水井抽水的農民收費。政府為遵守與該公司的合約，立法禁止人民由附近的池塘、河川、河口三角洲取水，甚至連雨水也在包括在內。該公司沒收人民其他供水系統，納於自己掌控之下，又不發給補償。根據歐利維拉的說法，這種種作為對許多民衆造成嚴重損害，但該公司卻認為是為達成合約規定的獲利水準所必要的。㊴

在歐利維拉等人的協助下，都市和鄉村的人民組織起來，要求該公司撤離，雖然最後獲得成功，但中間卻經歷民衆與軍警的流血抗爭。歐利維拉回憶說：「我們開始看到許多年輕人受傷，十六、七歲的年輕人斷手斷脚，或是全身癱瘓，腦部與神經系統受損，還有位年輕人喪失性命……農村那裡有五個人死掉。這實在是一場代價慘重的勝利。」

不過歐利維拉認爲這還是一場勝利，不僅爭取到水權，也是爲了「爭取正義、爭取民主、爭取改變人民的生活條件。」

我們看到人民不可思議的組織與團結合作的能力……這種力量如此強大，集結的人數如此龐大……十萬人走上街頭，來自社會各個部門，不分貧富與男女老少。不可思議的是，人民眞的開始覺得自己有力量，有力量就水的問題制定決策。最後他們也眞的做到了。我認爲多年來頭一回，大家終於有機會品嘗並享受民主，因爲我們過去老是說，民主就是誰來制定決策……唯一的主權是人民，沒有其他人。

水公司的民營化告終，再度交還給可恰邦巴的人民。歐利維拉現在夢想讓它成爲「眞正讓人民參與決策與解決問題的社會公司」。他指出，目前這個非營利公司的董事會由地方官員以及工會與專業協會代表組成，「不止透明，也更爲公正、更有效率，歡迎民衆共同參與來解決問題。」㊵

公司的威權並非不可撼動。如果人民團結起來，對自己與他人有信心，那麼他們的不滿可能對公司乃至支持並縱容公司的政府構成強大壓力。公司無疑是個強悍的敵人，但誠如奧利維拉所言：「世界各地都有小型的勝仗。」——包括他與可恰邦巴人民打贏的那一仗。至於將公司置於廣泛的民主控制之下是一場大規模戰爭，但是非打不可。

我們必須挑戰公司的統治，才能重振遭到破壞的價值與規範：民主、社會正義、平等、同情心。公司及其基本的意識型態源自對人性的狹隘看法，過於偏頗而現實，對我們的政治理想無法發揮持久的價值。雖然個人主義的自利動機與消費欲望屬於人性的核心部分，沒什麼好覺得羞愧，但這些並不是我們的全部。除了這些之外，我們也會感受彼此之間深刻的聯結與承諾，覺得分享共同的命運，也期盼更美好的世界。我們知道自己的價值、能力、美感、意義與正義感，有部分係由共同的歸屬感所蘊育與滋養，我們也相信有些東西太容易受到傷害，也太珍貴、太重要，不容淪爲利潤追逐下的祭品。哲學家金威爾說：「我們不必把自己視爲只是狂熱的商品生產者與消費者，只知以競爭與自利的方式行事。人類業已全盤組織起來，用其他方式爲我們文明開創廣闊的天地。」㊶

反對公司統治最有力的論點，莫過於好好回顧人類眞正的本質，並且弄淸楚公司信條在這方面反映得多麼失眞。科學家兼社會運動家侯美婉（Mae-Wan Ho）說：「我們基本上是有感覺、有同理心的有機體。看到別人痛苦，我們感同身受。我們盼望世界安全、公平、正義、博愛，這對我們可是生死攸關的大事。」另一位由科學家變成社會運動者的席瓦也認爲，歷史上每個時期都可以看到，如果體制靠不法手段建立，又不容許人民擁有權利與自由，過有尊嚴的生活，一定會遭到人民起而反抗。壓制人性重要部分的社會秩序或意識形態不能持久——共產主義的崩潰證實了這點，公司也不會例外。我們只要記得自己是誰，記得身爲人類可以做些什麼，就可以認淸公司狹隘的自利原則扭曲得有多麼嚴重。㊷

波士頓的「公司、法律與民主計畫」（Program on Corporation, Law and Democracy）負責人理查·葛洛斯曼（Richard Grossman）問道：「一個自由人如何管理自己？我是說，就某種意義而言，這與公司完全無關。有關的是身爲人類的我們……我們在地球上的角色、我們在世的時間，我們的一生，我們該怎樣面對自己，我們該如何與他人一起管好我們自己……與地球上其他生物和諧共處，與地球本身和諧共處，與未來世代和諧共處……包括在公司工作的男男女女的子女？這眞的是我們的事。」

這就是我爲何是個樂觀主義者——因爲這眞的是我們的事。

註釋

序言

①Interviews with Hank McKinnell and Joe Badaracco.

②這些訪談是為一部根據本書而攝製的紀錄片《解構企業》（*The Corporation*）而進行。我是這部影片的撰稿人，並與馬克・阿克巴（Mark Achbar）共同構思。製作人是阿克巴與巴特・辛普森（Bart Simpson），導演是阿克巴與珍妮弗・艾波特（Jennifer Abbott）。訪談由阿克巴、東恩・布萊特（Dawn Brett）與我進行。大多數訪談我並未親自採訪，不過我參與設計問題與訪談策略。我要感謝上述合作夥伴以及製作影片的大

影片媒體（Big Picture Media），以及共同出資的媒體、機構與其他投資人。

③Lawrence E. Mitchell, *Corporate Irresponsibility: America's Newest Export* (New Haven: Yale University Press, February 19, 2002).

1 由崛起到稱霸

①Tom Hadden, *Company Law and Capitalism* (London: Weidenfeld and Nieolson, 1972), 14.

②John Carswell, *The South Sea Bubble* (London: Cresset Press, 1960), 42 ("Spaniards"), 55 ("profits").

③Ibid., 173.

④Ibid.

⑤Hadden, *Company Law and Capitalism*, 16.

⑥Carswell, *The South Sea Bubble*, 210.

⑦特別在廣泛使用股票選擇權來酬庸員工的高科技公司，如果不將此納入考量，將不當

膨脹獲利數字，有時高達數億美元。不過雖然這種作法受到投資人團體與會計組織、乃至亞倫・葛林斯班（Alan Greenspan）與華倫・巴菲特（Warren Buffett）等人士的批評，聯邦政府卻似乎不打算禁止。爲什麼？很可能是由於一些有力的大企業對政府進行不當干預。的確有不少大公司——可口可樂、奇異、家庭貨倉（Home Depot）、道氏化學公司（Dow Chemical Company）、通用汽車——目前都自動把股票選擇權列爲薪資費用，但這些都不是大量應用股票選擇權的公司。一九九〇年代初，在企業界大力游說之下，成功阻擋了財務會計標準委員會（Financial Accounting Standards Board）有關解決這一問題的建議，而未來這方面的改革可能也難逃相同的下場。

⑧這項法案由美國總統於二〇〇二年七月三十日簽署爲法律，其中對於會計師事務所爲同一家公司擔任稽核與顧問加以限制。安德信在安隆案中助紂爲虐的行徑，即可凸顯身兼二角而導致的利益衝突。會計師事務所爲維護獲利可觀的顧問合約，往往會曲意配合公司的財務報表，而不去認眞監督，因此也就削弱客觀稽核公司的能力。這項法案及美國證券交易委員會所制定的相關規定雖然未盡完善，甚至還有一些明顯的漏洞，但至少禁止會計師事務所爲特定提供顧問服務的客戶進行稽核，在遏止這個問題

上也算有所進展。同時公司稽核委員會的權力也予以強化，要求執行長與財務長必須保證財務報表的眞實性（「明知」作假將面臨最高十年徒刑，而「配合」作假的刑期則可達二十年），同時強化揭露的要求。不過有幾個問題可能限制這項法案的效力。首先，證券交易委員會有權核准會計師事務所爲受稽核的客戶提供原本禁止的顧問業務，只要認定客戶接受稽核時，這些服務的結果不需受到稽核。其次，特定服務並不在禁止清單之列，如例行性報稅服務，這項業務是會計師事務所相當賺錢的業務，但對財務報表稽核顯然有直接影響。第三，證券交易委員會預算嚴重不足，因此未必有能力切實監督業者是否守法。第四，根據某些評論者的說法，證券交易委員會對法案的要求予以放寬。

⑨Hadden, *Company Law and Capitalism*, 13.

⑩John Lord, *Capital and Steam Power*, 1925, available at www.history.rochester.edu/steam/lord.

⑪Scott Bowman, *The Modern Corporation and American Political Thought: Law, Power and Ideology* (University Park, Pa.: Pennsylvania State University Press, 1996), 41.

⑫史考特稱這項聲明係在一八二五年由一名商人在蘇格蘭一家客棧中舉行的虛構會議上所提出。

⑬美國公司在獨立戰爭前的歷史與英國公司不可分割。大法官約翰・馬歇爾（John Marshall）在一八一九年就達特茅茲學院受託人對伍華德（Trustees of Dartmouth College v. Woodward）案說：「我們對公司的理念及其特權與無行爲能力的規定，均完全得自英國法律。」

⑭Bowman, *The Modern Corporation and American Political Thought*, 41-42.

⑮Paddy Ireland, "Capitalism without the Capitalist: The Joint Stock Company Share and the Emergence of the Modern Doctrine of Separate Corporate Personality," *Journal of Legal History* 17 (1996): 63.

⑯Cited in ibid., 62.

⑰Cited in ibid., 65.

⑱Select Committee on the Law of Partnership, 1851, B.P.P., VII, vi (as cited in Rob McQueen, "Company Law in Great Britain and the Australian Colonies 1854-1920: A

Social History," Ph.D. thesis, Griffith University, p. 137). For further discussion of the relationship between limited liability and middle-class investment capital, see Ronald E. Seavoy, *The Origins of the American Business Corporation, 1784-1855: Broadening the Concept of Public Service During Industrialization* (Westport, Conn.: Greenwood Press, 1982); Phillip Blumberg, *The Multinational Challenge to Corporation Law: The Search for a New Corporate Personality* (Oxford: Oxford University Press, 1993); "Report of the Select Committee in Investments for the Savings of the Middle and Working Classes," 1850, B.P.P., XIX, 169.

⑲Cited in McQueen, "Company Law in Great Britain and the Australian Colonies 1854-1920," p. 75.

⑳Cited in Barbara Weiss, *The Hell of the English: Bankruptcy and the Victorian Novel* (Lewisburg, Pa.: Bucknell University Press, 1986), 148.

㉑Morton Horwitz, "Santa Clara Revisited: The Development of Corporate Theory," in *Corporations and Society: Power and Responsibility*, ed. Warren Samuels and Arthur

Miller (New York: Greenwood Press, 1987), 13.

㉒Interview with Dr. Harriet Smith Windsor.

㉓Roland Marchand, *Creating the Corporate Soul: The Rise of Public Relations and Corporate Imagery in American Big Business* (Berkeley: University of California Press, 1998), 7.

㉔Cited in Edward Herman, Corporate Control, *Corporate Power* (Cambridge, England: Cambridge University Press, 1981), 7 (“tie” and “wit-nesses”).

㉕Stewart Kyd, *A Treatise on the Law of Corporations* (1793), vol. 1, p. 1, as cited in Ireland, “Capitalism without the Capitalist,” 45-46.

㉖John George, *A View of the Existing Law of Joint Stock Companies* (1825), p. 29, as cited in Paddy Ireland, “Capitalism without the Capitalist,” 45.

㉗University of Chicago law professor Arthur W. Machen, as quoted in Horwitz, “Santa Clara Revisited,” 51.

㉘Santa Clara County v. Southern Pacific Railroad, 118 U.S. 394 (1886).在一八九〇至一九

一〇年之間，因企業權益而向法院訴諸憲法修正案第十四條的共有二八八次，而關係到美國黑人的則只有十九次。而且在第十四條修正案名義下，最高法院自一九〇五年洛克納對紐約（Lochner v. New York）判決開始，形成一套延用三十年的法理，禁止各州動用各種管制措施，如最高工時與最低工資，來保障勞工。一九三七年，羅斯福總統唯恐法院的反管制偏見會影響新政的效果，於是將新政與五位新法官的任命一道提出（五人均贊同新政），以促使法院對政府採取比較配合的態度。不過近年來法院又再度開始重視公司在憲法上的權利，從而壓制它們眼中觸犯公司權益的法律。

㉙Marchand, *Creating the Corporate Soul*, 8 (“human” and “general”), 4 (“affection”), 76 (“directly”).

㉚Ibid., 139.

㉛Kim McQuaid, “Young, Swope and General Electric’s ‘New Capitalism’: A Study in Corporate Liberalism, 1920-33,” *American Journal of Economics and Sociology* 36 (1977): 323.

㉜Jeffrey L. Rodengen, *The Legend of Goodyear: The First 100 Years* (Fort Lauderdale, Fla.: Write Stuff Syndicate, 1997).

㉝*Louis K. Liggett Co. et al v. Lee, Comptroller et al*, 288 US 517 (1933), 548, 567.

㉞Gerard Swope, *The Swope Plan: Details, Criticisms, Analysis* (New York: Business Bourse, 1931), 22. Cited in E. Merrick Dodd, "For Whom Are Corporate Managers Trustees?," *Harvard Law Review* 45 (1932): 1145-1163.文中也引述經濟史家查爾·畢爾德（Charles Beard）對史沃坡及其計畫的挖苦‥「史沃坡先生以一位能幹的人、以奇異公司總裁的身分發言。事先既無學術汚名譴責他的發言，也沒人懷疑他的熱誠不當而使公司產品蒙塵。正如原始社會的宗教領袖設下的法律無人質疑，美國產業首領也可以提出新東西而不受聰明人的嘲笑或世故者的揶揄。」

㉟Adolf A. Berle and Gardiner C. Means, *The Modern Corporation and Private Property* (New York: Harcourt, Brace & World, 1968), 4 ("princes"), 312-13 ("cupidity"), 312 ("survive"); Dodd, "For Whom Are Corporate Managers Trustees?," 1157.公司聲望的回復部分是靠二次世界大戰的爆發。大家普遍相信公司是擊敗法西斯主義的關鍵‥公司當時將營運轉型以配合國家戰時的需求，因而贏得「民主兵工廠」之名。不過戰爭也強化了工人與可以保護他們的政府以及工會間的聯繫，而且政府與工會的力量也比從前任

何時候爲強。爲因應這種情況，企業在戰後年代展開有系統的運動，成爲強勢而組織良好的政治勢力。公司利用游說與贊助活動來形成有利的政治氛圍，讓公司顯得慈愛、負責，而政府最好別管它們。全國製造商協會（National Association of Manufacturers）領導展開一項強力公關活動，希望讓美國人相信：個人主義、競爭與自由企業就是「美國方式」的同義字。不過如第四章所述，這項活動在一九七〇年代才開始眞正加速推展。

㊱Quoted in Richard Gwyn, "The True Allegiance of Canadian Corporations," *Toronto Star*, April 28, 1999.

㊲See, for discussions of globalization, Anthony Giddens, *Runaway World: How Globalisation Is Running Our Lives* (London: Profile Books, 1999); Joseph E. Stiglitz, *Globalization and Its Discontents* (New York: W. W. Norton and Company, 2002); Alan Tonelson, *The Race to the Bottom: Why a Worldwide Worker Surplus and Uncontrolled Free Trade Are Sinking American Living Standards* (Boulder, Colo.: Westview Press, 2000); Saskia Sassen, *Losing Control: Sovereignty in an Age of Globalization* (New York: Columbia

University Press, 1996); William K. Tabb, *The Amoral Elephant: Globalization and the Struggle for Social Justice in the Twenty-first Century* (New York: Monthly Review Press, 2001); Gary Teeple, *Globalization and the Decline of Social Reform into the Twenty-first Century* (Toronto: Garamond Press, 2000); William Greider, *One World, Ready or Not: The Manic Logic of Global Capitalism* (New York: Simon & Schuster, 1997).

㊳See, for discussions of the WTO and its impact (and globalization more generally), Stiglitz, *Globalization and Its Discontents*; Charles Derber, *People Before Profit: The New Globalization in an Age of Terror, Big Money and Economic Crisis* (New York: St. Martin's Press, 2002); Noreena Hertz, *Silent Takeover: Global Capitalism and the Death of Democracy* (New York: Free Press, 2002).

㊴WTO Press Release, "WTO Adopts Disciplines on Domestic Regulation for the Accountancy Sector" (December 14, 1998), available at www.wto.org (WTO News: 1998 Press Releases).

㊵所謂「合法目標」是保護消費者、服務品質、專業程度、職業道德。

㊶Ibid.

㊷See supra, note 8, for description of the act.

㊸Anthony DePalma, "WTO Pact Would Set Global Accounting Rules," *The New York Times*, March 1, 2002; Murray Dobbin, "We Must Fight the Enron Virus," *The Globe and Mail*(Toronto), February 7, 2002, A19.

㊹See, for discussion of examples, Debi Barker and Jerry Mander, "Invisible Government. The World Trade Organization: Global Governance for the New Millennium?," San Francisco: International Forum on Globalization, October 1999; Lori Wallach and Michelle Sforza, *The WTO: Five Years of Reasons to Resist Corporate Globalization* (New York: Seven Stories Press, 2000); Derber, *People Before Protit*; Hertz, *Silent Takeover*.

㊺See WTO Appellate Body Report: "United States, Import Prohibition of Certain Shrimp and Shrimp Products: Recourse to Article 21.5 of the DSU by Malaysia," October 22, 2001, available at www.wto.org (doc.# 01-5166).

㊻See WTO Appellate Body Report, "European Communities, Measures Affecting Meat and Meat Products," January 16, 1998, available at www.wto.org (doc. # 98-0099).

㊼Examples discussed in Ralph Nader, "Notes from Nader: The Chill Factor: Consumer Safeguards Under Fire," *World Trade Observer*, Seattle, Wash., 1999, available at depts. washington. edu/wtohist/world—trade—obs/issue3/nader.htm.

㊽Stiglitz, *Globalization and Its Discontents*, 20.

㊾Helmut Maucher, "Ruling by Consent," *Financial Times*, December 6, 1997, 2, as cited in Belen Balanya, Ann Doherty, Olivier Hoedeman, Adam Mn'anit, and Erik Wesselius, *Europe Inc.: Regional and Global Restructuring and the Rise of Corporate Power* (London: Pluto Press, 2000), 136.

㊿Interviews with William Niskanen, Ira Jackson, and Sam Gibara. As Jonathan Chait recently observed about the Bush administration in *The New Republic*，「政府與企業已融爲一個大的『我們』」(Paul Krugman, "Channels of Influence," *The New York Times*, March 25, 2003)。孟克說：「特別是一九八九年柏林圍牆倒塌後，或許你可以清楚看到

大公司巨頭影響你的生活以及世界其他人的生活，超過任何國家的首領。」

(51) Naomi Klein, *No Logo: Taking Aim at the Brand Bullies* (Toronto: Knopf Canada,2000). 更廣泛而言，「公司是人—個人」的看法一直以來模糊了法律與輿論的視線，讓人忽略公司行使的是大批股東「集體」的經濟力，因此遠比我們其他人來得強勢。

(52) Interviews with Clay Timon and Samir Gibara.

2 病態乃常態

①這支記錄片人員來自大影片媒體公司，爲的是拍攝本書的影片版。

②Interview with Sonia Gerrardo.

③Interviews with Hank McKinnell and Tom Kline.

④Interview with Hank McKinnell ("planet"); www.pfizer.com ("generous" and "innovative").

⑤Quoted in Princeton University Development Offices, "Princeton Receives Grants to Address Greenhouse Problem," available at www.princeton.edu/cfr/FALLOO/BPAmoco.

html.

⑥Interview with Ira Jackson.

⑦Ibid.

⑧Interview with Milton Friedman.

⑨Interview with William Niskanen.

⑩Interviews with Peter Drucker, Debora Spar, and Noam Chomsky.

⑪Carol Gelderman, *Henry Ford: The Wayward Capitalist* (New York: Dial Press, 1981), 83. Gelderman says that E. G. Pipp, editor in chief of *The Detroit News*, quoted Ford as saying this in his testimony at the trial in Dodge v. Ford; as cited in D. Gordon Smith, "The Shareholder Primacy Norm," *The Journal of Corporation Law* 23 (1998): 277.

⑫Gelderman, *Henry Ford*, 84, as cited in Smith, "The Shareholder Primacy Norm," 277 ("bonanza" and "incidentally"). *Dodge v. Ford Motor Co.*, 684 ("organized" and "benefiting").

⑬法律學者簡尼斯・薩拉（Janis Sarra）在訪談中很準確地描述了最佳利益原則與公司的

社會責任：「在北美，公司的最佳權益係指股東的最佳權益。法庭在考量董事與經理人的行爲是否符合公司最佳權益時，通常是以股東財富極大化爲衡量標準。因此董事與經理人受到一組非常強勢的判例所限制。只要公司最佳權益原則意味著股東財富極大化，任何與環保或其他社會公平議題相關的思考或決策都很難有什麼實質的改變。以目前公司法建構的方式而言，董事與經理人採取任何符合社會責任的行動，都必須假借股東短期或長期財富極大化來取得正當性。同樣地，股東往往不得表達對社會責任、人權保障或環境永續性的偏好，除非他們能以股東財富極大化爲理由。就算股東眞的擁有足夠的資訊與資源而提出這種議案，董事與經理人也沒有責任依股東的意願行事。公司的確會以捐款或其他方式支援與公司活動似乎並無直接關聯的事項，這是因爲美國的慈善相關法規劃出了這個有限的角色給公司。公司可視爲一種制度化的自利形式，因爲所謂最佳權益原則，在法院與公司決策者的解讀下，顯然以股東財富爲至高無上，其他人都不值一顧。」

⑭Robert Hinkley, "How Corporate Law Inhibits Social Responsibility," *Business Ethics: Corporate Social Responsibility Report*, January-February 2002, available at www.commondreams.org/views02/0119-04.htm.

⑮Hutton v. West Cork Railway Company, 23 Chancery Division 654 (1883) (C.A.), 672 ("instance"), 673 ("Draconian" and "cakes").

⑯American Bar Association, Committee on Corporate Laws, "Other Constituencies Statutes: Potential for Confusion," *The Business Lawyer* 45 (1990): 2261, as cited in Smith, "The Shareholder Primacy Norm."

⑰Interview with Chris Komisarjevsky. Corporate philanthropy is often described as "strategic philanthropy" to capture the idea that philanthropy is a strategy for serving corporations' own interests. See Nicole Harris, "Things Go Better with Coke's Money," *Business Week*, September 15, 1997, 36.

⑱Marjorie Kelly, *The Divine Right of Capital: Dethroning the Corporate Aristocracy* (San Francisco: Berrett-Koehler, 2001).

⑲As reported in Danielle Knight (IPS), "Mixed Reaction to Oil Company's Earth Day Award," April 22, 1999, available at http://www. oneworld.org/ips2/april99/21_05_076.

html.

⑳Sir John Browne, "International Relations: The New Agenda for Business," The 1998 Elliott Lecture, St Antony's College, Oxford, June 4, 1998.

㉑Sir John Browne, speech at the Earth Day Awards Ceremony at UN Headquarters, New York, on the occasion of his being presented with the Award for Individual Environmental Leadership by the UN Environmental Programme and Earth Day, New York, April 22, 1999, available at www.bp.com.

㉒Interview with Jim Gray.

㉓Interview with Milton Friedman.

㉔Interview with Norma Kassi.

㉕The Bush administration is seeking to open up the Arctic National Wildlife Refuge to drilling. In March 2003, the Senate rejected the administration's plan in a budget vote. But on April 11, 2003, the House endorsed drilling in the ANWR. The debate continues.

㉖Interview with Norma Kassi. Also see Robert Matas, "Survival Tactic: Can the Hunters

Save the Caribou?" *The Globe and Mail* (Toronto), August 19, 2000, A10-A11.

㉗John Gore, group vice president, government and public affairs, BP, letter to Rebecca O' Malley of Ecopledge, January 16, 2001.

㉘Found at www.bpamoco/alaska/qanda/qanda.htm (print copy on file with the author).

㉙Letters to Presidents Clinton, December 11, 2000, and Bush, March 20, 2001, from groups of scientists; Kenneth Whitten, retired research biologist, Alaska Department of Fish and Game, gave written testimony at a hearing on the Republican energy bill on July 11, 2001: U.S., *Energy Security Act of 2001: Hearing on H.R, 2436 Before the House Committee on Resources: 107th Cong*. (Washington, D.C.: U.S. Government Printing Office, 2002).

㉚Sir John Browne, "The Case for Social Responsibility," presentation to the Annual Conference of Business for Social Responsibility, Boston, November 10, 1998.

㉛該公司表明的立場是，除非ANWR開放鑽油，否則公司不可能制定鑽油計畫。不過該公司也一直拒絕承諾不鑽油。

㉜From the following speeches by Sir John Browne: "International Relations ("guilt," "self-interest"); "Public Pressure and Strategic Choice," World Economic Forum, Davos, Switzerland, February 2, 1998 ("good business"); "The Case for Social Responsibility" ("reality," "hard-headed," "direct"); "Mobility and Choice," Detroit Economic Club, January 25, 1999 ("coldly," "imperative").

㉝BP Press Release, "BP Beats Greenhouse Gas Target by Eight Years and Aims to Stabilise Net Future Emissions," March 11, 2002, available at www.bp.com (under Press Center Archives).

㉞Sir John Browne, "International Relations."

㉟Sir John Browne, "Mobility and Choice" ("explore," "drive"); "International Relations" ("captive").

㊱Interview with Hank McKinnell.

㊲Ibid.

㊳Interview with Rachel Cohen.

㊴Interview with Hank McKinnell.

㊵柯亨指出，「免費」供應方案有許多隱藏的成本。她說：「送藥給開發中國家有許多隱藏的成本。其一是公共衛生體系必須想辦法來處理這些捐贈方案，必須調撥資源來管理。而我們這裡談的是醫療預算極其有限的國家。因此對接受藥物捐贈的國家而言，公共衛生體系要承受龐大的成本。」

㊶Statistics in this paragraph are from interview with Rachel Cohen.

㊷Interview with Tom Kline.

㊸Interview with Danny Schecter.

㊹Alisdair MacIntyre, "Utilitarianism and Cost-Benefit Analysis: An Essay on the Relevance of Moral Philosophy to Bureaucratic Theory," in *Values in the Electric Power Industry*, ed. Kenneth Sayre (Notre Dame, Ind.: University of Notre Dame Press, 1977), 217-37. Interview with Sam Gibara.

㊺Interview with Anita Roddick.

㊻Ibid.

㊼As quoted on www.thebodyshop.com.

㊽Interview with Anita Roddick.

㊾Ibid.

㊿Julia Finch, "Body Shop Buyers Line Up," *The Guardian*, October 3, 2001 ("aware"); Finch, "Body Shop Gains a New Head," *The Guardian*, February 13, 2002; Sarah Ryle, "Body Shop Seeks New Life with Major Surgery," *The Observer*, February 17, 2002.

(51)Interview with Marc Barry.

(52)Ibid.

(53)Ibid.

(54)Interview with Anita Roddick.

(55)Interview with Dr. Robert Hare.

(56)Ibid.

(57)Ibid.

(58)Enron, Corporate Responsibility Annual Report, Houston, 2000.

(59)Interview with Hank McKinnell.

3 外部化機器

①公司之所以會創造外部性，與法律規定公司行爲必須符合本身最佳權益（即股東利益極大化）有直接關係。根據公司法學者薩拉所言：「目前英美法系的公司法要求公司經理人將歸屬公司的短期成本與長期成本納入考量，但對歸屬於他人的成本則否。任何不屬於該類成本者均稱爲外部性，包括由公司造成卻由工人、小額債權人、消費者或社會成員所承擔的損害。如果公司的決策會損及土地，或對捕魚水域造成長期影響，或是汚染社區環境，這些成本對公司均屬外部，毋需納入決策考量。這些外部性不必出現在財務報表成本項下，因爲只有利潤需要計入，而對他人造成的成本則不必。這就是目前公司法的規定。」

②Interview with Milton Friedman.

③Ibid.

④"Record $4.9 Billion Award Against GM for Dangerous Fuel Tanks," www.cnn.com, July 9, 1999; Milo Geyelen, "How a Memo Written 26 Years Ago Is Costing General Motors

Dearly," *The Wall Street Journal*, September 29, 1999, 1.

⑤Geyelen, "How a Memo Written 26 Years Ago Is Costing General Motors Dearly."

⑥Ibid.

⑦八・五九美元是來自通用汽車的內部文件，而非艾維的報告。see, "GM Fuel Tanks," www.safetyforum.eom; Public Citizen, "Profits over Lives--Long-Hidden Documents Reveal GM Cost-Benefit Analyses Led to Severe Burn Injuries; Disregard for Safety Spurred Large Verdict," July 19, 1999, available www.citizen.org/congress/civjus/tort/.

⑧此案目前仍在纏訟之中，尚未經加州上訴法院審理。

⑨Patricia Anderson v. General Motors, Brief of Chamber of Commerce of the United States as *amicus curiae* in support of the Appellant, California Court of Appeal for the Second Appellate District-Division Four, 3 ("illegitimate"), 1 ("troubling" and "manufacturing"), 3 ("despicable"), 8 ("hallmark"), 10 ("unimpeachable").

⑩Meiring de Villiers, "Technological Risk and Issue Preclusion: A Legal and Policy Critique," *Cornell Journal of Law and Public Policy* 9 (2000): 523, as cited in the Chamber of

Commerce Brief, p. 9.

⑪MacIntyre, "Utilitarianism and Cost-Benefit Analysis," 218.

⑫Ivey Report (print version on file with the author).

⑬Chamber of Commerce Brief, 10. ("Skillful" and "sanctity," citing Gary T. Schwartz, Deterrence and Punishment in the Common Law of Punitive Damages: A Comment (1982) 56 5.Cal L. Rev. 133, p. 152.)

⑭See Chapter 1 for a more detailed discussion of economic globalization.

⑮Interview with Charles Kernaghan.

⑯Ibid.

⑰Ibid.

⑱Ibid.

⑲Ibid.

⑳Ibid.

㉑Dexter Roberts and Aaron Bernstein, "Inside a Chinese Sweat- shop: 'A Life of Fines and

Beating,'" *BusinessWeek Online*, October 2, 2000.據該篇報導說：「自一九九二年起，沃爾瑪要求供應商簽署一項基本勞工標準規範。自從一九九〇年代中期製造凱西李產品的工廠行徑曝光後，由於沃爾瑪的連鎖店販賣這些產品，因此兩家公司都開始雇用外部稽查公司檢查供應商的工廠，以確保符合規範。許多在低工資國家生產或販售其產品的公司也採行類似的自我檢查措施，如玩具反斗城（Toys 'R' Us）、耐吉與蓋普等。雖然沒有一家公司聲稱自己的稽查制度十全十美，但大多數認爲可以逮到重大違規，並要求供應商改善，否則就中止生產。「該廠（凱西李生產手提袋的中國工廠）的狀況顯示，這些稽查制度可能漏失嚴重的問題——而自我檢查可以讓公司免於公開曝光這些情事造成的困擾。」也可參考國家勞工委員會的網站，www.nlcnet.org，查詢美國公司利用開發中國家血汗工廠的完整而即時的資訊。成功對抗血汗工廠的事例亦可在該網站上找到。

㉒Roberts and Bernstein, "Inside a Chinese Sweatshop."

㉓Interview with Noam Chomsky.

㉔Interviews with Charles Kernaghan and Robert Monks.

㉕Interview with Robert Monks. See also Robert Monks, *The Emperor's Nightingale: Restoring the Integrity of the Corporation in the Age of Shareholder Activism* (Reading, Mass.: Addison-Wesley, 1998); Hilary Rosenberg, *A Traitor to His Class: Robert A. G. Monks and the Battle to Change Corporate America* (New York: John Wiley and Sons, 1999).

㉖Interview with Robert Monks.

㉗Ibid.

㉘Interview with Ray Anderson.

㉙Ibid.

㉚Ibid. The book was Paul Hawkens, *The Ecology of Commerce* (New York: HarperCollins, 1993), in which the author quotes E. O. Wilson's phrase "the death of birth."

㉛For some further examples of externalities, see Russell Mokhiber and Robert Weissman, *Corporate Predators: The Hunt for Mega-Profits and the Attack on Democracy* (Monroe, Maine: Common Courage Press, 1999); M. F. Hawkins, *Unshielded: The Human Cost of the Dalkon Shield* (Toronto: University of Toronto Press, 1997).

㉜事件發生在二〇〇〇年一月三十一日。Bob Port, "Fear and Fire a Deadly Mix," *Daily News* (New York), July 9, 2001, available at www.sweatshopwatch.org/swatch/headlines/2001/fearfire_jul01.html.

㉝See, e.g., Bob Port, "Sweat and Tears Still in Fashion in City: Clothing Factories Skirt Laws, Exploit Immigrants," *Daily News* (New York), July 8, 2001, available at www.sweatshopwatch.org/swatch/headlines/2001/sweattears_jul01.html. Developing-world sweatshop factories are also notorious for horrific fires in which many people die due to locked and blocked fire exits. See, e.g., Associated Press, "Fire in Bangladesh Garment Plant Kills at Least 45, Injures over 100" The Wall Street Journal, Interactive Edition, November 27, 2000, available at www.sweatshopwatch.org/headlines/2000/bangfire_nov00.

㉞A U.S. Department of Labor (DOL) survey similarly found that only 35 percent of ninety-three garment shops in New York City followed applicable labor laws. See www.dol.gov/opa/media/press/opa/opa99300.

㉟U.S. Department of Labor, "Only One-third of Southern California Garment Shops in Compliance with Federal Labor Laws," News Release, USDL-112, August 25, 2000, available at www.dol.gov/esa/media/press/whd/sfwhll2.htm (last accessed June 11, 2003). See also Andrew Gumbel, "Fashion Victims: Inside the Sweatshops of Los Angeles," *The Independent* (London), available at www.sweatshopwatch.org/swatch/headlines/2001/fashionvictims_aug01.html.

㊱For discussions of corporate crime, see Harry Glasbeek, *Wealth by Stealth: Corporate Crime, Corporate Law, and the Perversion of Democracy* (Toronto: Between the Lines, 2002); E. Colvin, "Corporate Personality and Criminal Liability," *Criminal Law Forum* 6 (1995): 1; D. Stuart, "Punishing Corporate Criminals with Restraint," Criminal Law Forum 6 (1995): 219; S. M. Rosoff, H. N. Pontell, and R. Tillman, *Profit Without Honor: White-Collar Crime and the Looting of America* (New Jersey: Prentice Hall, 1998); D. O. Friedrichs, *Trusted Criminals: White Collar Crime in Contemporary Society* (California: Wadsworth, 1996), 80; R. Mokhiber, and R. Weissman. "No Mind, No Crime?,"

Multinational Monitor, December 2, 1998; F. Pearce and L. Snider, eds., *Corporate Crime: Contemporary Debates* (Toronto: University of Toronto Press, 1995); R. Paehlke, "Environmental Harm and Corporate Crime," in *Corporate Crime: Contemporary Debates*, ed. F. Pearce and L. Snider, 305. Empirical analyses have demonstrated that, as stated in one of them, Richard Brown and Murray Rankin, "Persuasion, Penalties, and Prosecution: Administrative v. Criminal Sanctions," in M. L. Friedland, ed., *Securing Compliance: Seven Case Studies* (Toronto: University of Toronto Press, 1990), 347-348, "A substantial number of firms habitually violate regulatory requirements."

㊲"GE: Decades of Misdeeds and Wrongdoing," *Multinational Monitor*, 22, nos. 7 and 8, July-August 2001.

㊳Frank H. Easterbrook and Daniel R. Fischel, "Antitrust Suits by Targets of Tender Offers," *Michigan Law Review* 80 (1982): 1177.

㊴Interview with Robert Monks.

㊵Bruce Welling, *Corporate Law in Canada* (Toronto: Butterworths, 1991), 165.

㊶This account of Shugak's ordeal is based upon Wesley Loy, "Survivor: Don Shugak Recalls the Wellhead Explosion That Nearly Killed Him," *Anchorage Daily News*, November 3, 2002.

㊷Loy,"Survivor".

㊸Quoted in letter from Charles Hamel, on behalf of Concerned BP Operators at Prudhoe Bay, to Officer Mary Frances Barnes, United States Probation Officer, July 16, 2001, available at www.anwrnews.com.

㊹Quoted in Jim Carlton, "BP Amoco Technicians Question Safety of Drilling Systems Bush Touts for Refuge," *The Wall Street Journal*, April 13, 2001, 1.

㊺Ibid.

㊻Ibid.

㊼*United States of America v. BP Exploration (Alaska) Inc*., Plea Agreement, U.S. Dist. Ct. (Alaska), No. A99-0141C 12 (JKS), September 23, 1999.

㊽Statement of William B. Burkett, Production Operator for BP Exploration (Alaska), to

Chairman Joseph Lieberman and Chairman Bob Graham. See also Carlton, "BP Amoco Technicians."

㊾Jim Carlton, "Are Alaska's Many Oil Fields Safe?," *The Wall Street Journal*, July 10, 2001, 1. After this article was published, Alaska governor Tony Knowles vowed to increase funding for oversight of the oil fields. Critics said his plan would have little impact. See Jim Carlton, "Alaska Will Increase State Funding for Oversight of Local Oil Industry," *The Wall Street Journal*, December 13, 2001.

4 民主股份有限公司

①Samuel Rosenman, ed., *The Public Papers and Addresses of Franklin D. Roosevelt, Volume Two: The Year of Crisis, 1933* (New York: Random House, 1938), as cited in Cass Sunstein, *The Partial Constitution* (Cambridge, Mass.: Harvard University Press, 1993), 57-58.

②The following account of this story is based primarily on Jules Archer, *The Plot to Seize the White House* (New York: Hawthorn Books, 1973).

③Archer, The Plot, 21.

④National Archives, "U.S. Strategic Bombing Surveys" 243/190/62-Box 696, August 14, 1944; Box 697, August 23, 1945; Box 946. Ford Werke, the Ford Motor Company's German subsidiary, also contributed to the Nazi war effort, providing nearly a third of the German Army's trucks. For discussions of GM and Ford's alleged involvement with the Nazis, see Bradford C. Snell, "American Ground Transport: A Proposal for Restructuring the Automobile, Truck, Bus and Rail Industries," report presented to the Committee of the Judiciary, Subcommittee on Antitrust and Monopoly, United States Senate, February 26, 1974 (Washington, D.C.: U.S. Government Printing Office, 1974), 16-24; Michael Dobbs, "Ford and GM Scrutinized for Alleged Nazi Collaboration," *The Washington Post*, November 30, 1998.

⑤Interview with Edwin Black. Also see Edwin Black, *IBM and the Holocaust: The Strategic Alliance Between Nazi Germany and America's Most Powerful Corporation*

(New York: Crown Publishers, 2001).

⑥Interviews with Edwin Black and Peter Drucker. Quotes from Dobbs, “Ford and GM Scrutinized,”「一九三九年三月納粹占領捷克後，福特與通用汽車經過不到三星期的觀察，通用董事長史隆爲不自德國撤資的策略辯解，認爲考量該公司在德國的營運『很賺錢』，所以是合理的企業作法。「納粹德國的內部政治『不應被視爲通用汽車管理階層的事，』史隆於一九三九年四月六日致函一位關切此事的股東時如是說。『我們必須［在德國境內］表現得像德國的組織……我們無權關閉工廠。』」

⑦根據新經濟資訊服務（New Economy Information Service）執行董事傑蘇普指出，該組織的調查資料發現美國在極權國家的投資呈現令人不安的趨勢：「我懷疑企業家在制定投資決策時，腦筋裡究竟有沒有想到民主或不民主的事。或許他們無意識［對極權國家］有偏好。」參見 R. G. Longworth, “Globalization Survey Reveals U.S. Corporations Prefer Dictatorships” November 19, 1999,以及 www.globalexchange.org.《華爾街日報》最近報導，包括宜家家具（IKEA）、固特異、第一聯合銀行（First Union Bank）、CAN財務（CAN Financial）在內的八十六家公司，在一九九八至當時曾因違反「與敵國

貿易條例」而遭罰款。該法列出伊朗、伊拉克、古巴、北韓與塔利班控制下的阿富汗爲禁止貿易國家。當副總統錢尼（Dick Cheney）二〇〇〇年任哈里波頓（Halliburton）執行長時，該公司在德黑蘭設立了辦公室，不過並未列名受罰公司中。參見 Stephanie M. Horvath, "U.S. Slaps 86 Firms with Fines for Deals Made with 'Enemies,'" *The Wall Street Journal*, July 3, 2002 On July 23, 2001。二〇〇一年七月二十三日，美國廣播公司（ABC）新聞報導，伊拉克經聯合國核准的石油出口，大都由美國石油公司向俄國中間商購入，並在美國路易斯安納州與德州提煉。

⑧Archer, The Hot, 146.

⑨Butler's testimony to the House Un-American Activities Committee, as quoted in Archer, *The Plot*, 153.

⑩Archer, *The Plot*, 156.

⑪Ibid., 30 ("combat").

⑫Ibid., 198.

⑬Ibid., 118-119.

⑭Ibid., 192-193.

⑮Ibid., 213 ("doubt," "plotters", "fellows"), 214 ("patriot").

⑯Quoted in Hendrik Hertzberg, "Comment: Mine Shaft," *The New Yorker*, August 19 and 26, 2002, 58.

⑰History from U.S. Department of Labor, Mine Safety and Health Administration, History of Mine Safety and Health Legislation, available at www.msha.gov/mshainfo/mshainf2.htm.

⑱對六百三十萬美元的削減解釋如下：「煤業執法活動預算較二〇〇三會計年度總統提案的金額增加一百一十萬美元。不過，這項金額一億一千三百四十萬美元——比目前核准的一億一千七百八十萬美元少，也比參議院核准二〇〇三會計年度金額一億一千九百七十萬少。二〇〇四會計年度提案要求較前一年度增加十名煤業執法職位。然而提案中的煤業執法人員水準（一千零八十六名）仍較目前核准人數（一千一百四十一名）爲少。

⑲WTAE-TV's Paul Van Osdol Reports, "Team 4: Senate Has Mining Safety Concerns,"

July 26, 2002, available at www.thepittsburghchannel. com/news.緬恩最近在一次面談中證實了這項觀察。

⑳Don Hopey, "Lawmakers Urge Fisher to Convene a Grand Jury Probe of Quecreek Mine Accident," *Pittsburgh Post-Gazette*, August 3, 2002, available at www.post-gazette.com/localnews.

㉑根據自然資源保護委員會（Natural Resources Defense Council）：「布希預算再度重創環境。在總統所提的預算中，環保署是主要輸家之一。由二〇〇二至二〇〇四會計年度，該單位預算約削減五億美元——由八十一億降到七十六億……環保署繼續大幅裁減自成立以來執法人員人數的水準——總人力約減一百名，超過百分之六。參見 Katharine Q. Seelye, "Bush Slashing Aid forE.P.A. Cleanup at 33 Toxic Sites," *The New York Times*, July 1, 2002.

㉒The cuts to OSHA over the years have been further compounded by Bush's 2004 budget proposal, which would reduce the OSHA budget from $462 million to $450 million and slash 77 positions (from 2,313 to 2,236). The 2004 budget also proposes cutting $30 million from the National Institute for Occupational Safety and Health budget.

㉓Paul Krugrnan, "Business as Usual," *The New York Times*, October 22, 2002.

㉔He stated this to CNN, as reported on January 19, 2001 See editions.cnn.com/2001/US/01/19/power.woes.01/index.htm/# 1.

㉕As cited in Public Citizen, "Blind Faith: How Deregulation and Enron's Influence over Government Looted Billions from Americans," Washington, D.C.: December 2001, available at www.citizen.org/docu-ments/Blind_Faith.pdf.

㉖The following account is based primarily on Public Citizen, "Blind Faith," including quoted passages, 12 (Blair and English), 19 ("light of day"). See also Kenneth Bredemeier, "Memo Warned of Enron's Calif. Strategy: West Coast Senators Complain About Market Manipulation During Power Crisis," *The Washington Post*, May 16, 2002, A4; Ellen Nakashima, "Army Secretary Defends Support from Enron," *The Washington Post*, April 5, 2002, A2; Mike Allen and Dan Morgan, "White House-Enron Ties Detailed," *The Washington Post*, May 24, 2002; Bethany McLean, "Monster Mess," *Fortune*, February 4, 2002, and "Why Enron Went Bust," *Fortune*, December 24, 2001; Andrew Wheat, "System Failure: Deregulation, Political Corruption, Corporate Fraud and the Enron Debacle," *Multinational Monitor*, 23, nos. 1 and 2 (January-February, 2002), available at multinationalmonitor.org/mm2002/02jan-feb02economics.html.

㉗Public Citizen, "Blind Faith," 12 ("dangerous" and "irresponsible").

㉘Ibid., 19 ("survive").

㉙Interviews with Anne Wexler and William Niskanen.

㉚Interview with Anne Wexler ("awareness"). Business Round Table, "History of the Business Round Table," available at www.brt.org ("pluralistic," "intrusion").

㉛由二戰後時期以及更早期，公司對政府的影響在美國政治中特別明顯。參見 Elizabeth A. Fones-Wolf, *The Selling of Free Enterprise: The Business Assault on Labor and Liberalism 1945-1960* (Urbana: University of Illinois Press, 1994).我認爲公司在一九七〇年代之前並非沒有影響，而是自此以後的影響更爲深刻。參見 Morton Mintz and Jerry Cohen, *America, Inc.: Who Runs and Operates the United States* (New York: Dial Press,

1971).

㉜除了游說之外，由於曾任企業高階主管者轉任政府高官者爲數衆多——其中一例是白宮幕僚長卡德（Andy Card）過去曾任汽車業游說代表，也是通用汽車主管。反過來說，不少公司的游說人員過去曾任政府高官——例如柯林頓總統時負責白宮公共聯絡辦公室的韋克司勒（Anne Wexler）。另外還有管制機構與受管制單位之間的聯繫。孟克在訪談中表示：「人們用一個名詞形容管制機構與他們所管人員之間的關係，叫做旋轉門……管制有一項長期存在的特色，就是公務員年輕時充滿抱負進入政府機構任職，一直做到期滿。然後出來到民間部門，替原來自己單位負責管制的公司服務。在如此形成的文化中，一般大衆不太可能與這些政府單位好好打交道。」

㉝Bellotti v. First National Bank of Boston, 435 U.S. 765.

㉞Aristotle, *Politics*, Book 2 (Oxford: Oxford World Classics, 1998).

㉟Interview with Anne Wexler.

㊱The Center for Responsive Politics, "Top Contributors: Coal Mining," available at www.opensecrets.org/ industries /contrib.asp? Ind = E1210.

㊲Cat Lazaroff, "USA: Energy Task Force Documents Show Industry Influence," May 22, 2002, available at www.corpwatch.org/news/PND.jsp? articleid = 2613.

㊳Richard Oppel, Jr., "Documents Show Parties Often Mix Fund-Raising and Policy," *The New York Times*, December 7, 2002.

㊴See, Dan Morgan, "Homeland Bill Rider Aids Drugmakers: Measure Would Block Suits over Vaccines; FBI Powers Also Would Grow," *The Washington Post*, November 15, 2002, A07; Jonathan Weisman, "A Homeland Security Whodunit: In Massive Bill, Someone Buried a Clause to Benefit Drug Maker Eli Lilly," *The Washington Post*, November 28, 2002, A45.

㊵Interview with William Niskanen.

㊶Interviews with Joe Badaracco and Robert Monks. See also Stanley Deetz, *Democracy in an Age of Corporate Colonization* (Albany: State University of New York Press, 1992); D. Vogel, *Kindred Strangers: The Uneasy Relationship Between Politics and Business in America* (Princeton,, N.J.: Princeton University Press, 1996); William Greider, *Who Will*

Tell the People: The Betrayal of American Democracy (New York: Simon & Schuster, 1993).

㊷Interviews with Anne Wexler and Chris Komisarjevsky.尼斯坎能認爲，公司的政治獻金對民主政治有利。他說：「我希望公司和有錢人能以他們的金錢以及時間與選票來參與政治體制。我認爲我們的政治體制會因而更健康。」

㊸Interview with Hank McKinnell.二〇〇二年的選舉中，輝瑞捐獻一百二十萬美元給聯邦層級的政黨與候選人，其中三分之二以上是捐給共和黨。在這次選舉中，只有另一家藥廠捐贈的金額超過輝瑞。

㊹Interview with Anne Wexler.

㊺Interview with Hank McKinnell.

㊻公司與政府夥伴關係的說辭與作法，在國際貿易與投資領域尤爲顯著。以APEC組織爲例，成員是亞洲與太平洋周邊各國的領袖，美國與加拿大也包括在內。APEC自稱：「致力於企業發展，並讓民間部門定期參與廣泛的APEC活動。企業的專業與資源能協助APEC達成目標，而企業無論在區域或個別成員國經濟中，都是AP

ＥＣ主力構成，企業已參與ＡＰＥＣ許多工作小組，並協助規畫與會員國經濟官員的政策對話。ＡＰＥＣ經濟領袖收到來自ＡＰＥＣ企業諮詢委員會（APEC Business Advisory Council）的建議……這種參與有助於確保ＡＰＥＣ的工作符合解決現實問題所需。ＡＰＥＣ的主要目標之一是繼續擴展企業參與ＡＰＥＣ作業。」

在ＷＴＯ中，企業與政府也密切合作。ＷＴＯ的「智慧財產權貿易相關層面」（Trade-Related Aspects of Intellectual Property Rights, TRIPs），乃是一組強化智慧財產權的執法標準，主要是在保障製藥與生化產業的利益。這項標準的制定主要是產業界運作的結果，其中由美國、歐盟與日本公司共同組成的智慧財產委員會（成員包括必治妥施貴寶〔Bristol-Myers Squibb〕、杜邦、孟山都〔Monsanto〕與通用汽車）尤其扮演要角。孟山都的恩雅特（James Enyart）對於該委員會的 TRIPs 工作曾有如下描述：「產業界在國際貿易上發現重大的問題，於是研擬了解決方案，並精簡爲具體的提案，推銷給我們自己與他國政府……全球貿易的產業界與交易商同時扮演病患、診斷與治療人員的角色。」輝瑞前領導人普拉特（Edmund Pratt）擔任美國在ＧＡＴＴ貿易代表的官方顧問，他指出：「我們業界聯合的力量使我們得以建立一個全球的民間部門—政府網絡，爲日後的 TRIPs 奠定基礎。」

服務業貿易總協定（General Agreement on Trade in Services）目前正在就ＷＴＯ對會計產業的監督研擬制度（如第一章中所述），而這一協定的成立可以讓我們進一步觀察到企業與政府之間的合作關係。和 TRIPs 類似，若非以美國服務業聯合會（U.S. Coalition of Service Industries, CSI）爲主的產業界持續施壓，這一協定也不太可能出現。ＣＳＩ主席瓦斯坦（Bob Vastine）形容服務業與美國行政當局的關係是「政府／產業合作的不凡案例，應該作爲其他國家的標竿。」事實上，其他國家的確相當注意，例如一九九九年一月二十六日，以ＣＳＩ爲範本的歐洲服務網絡（European Services Network）成立（同年十月更名爲歐洲服務論壇）。ＥＣ副主席布里坦（Leon Brittan）是這個組織的倡議者之一，他在ＣＳＩ成立時說：「我和你們在一起，聆聽你們的目標，你們自由化的優先順序……我仰仗各位公司執行長與董事長的支持與投入，一如仰仗來自歐洲或國家層次的支持與投入，因此我們可以修正策略，設定清晰的優先順序談判目標，相信將會對國際服務業的擴張產生作用。」

㊼Interviews with Hank McKinnel, Doug Pinkham, and Jim Gray. Speech by John Browne,

"The Century of Choice," Institute of Petroleum, London, February 16, 1999.

5 全面入侵的商業化

①Interview with Carlton Brown.

②事實上，正如布朗與他的客戶一樣，許多公司也藉九一一發災難財。參見 Jim Lobe, "Post-September 11, the Rich Get Richer in the US," *Asia Times Online*, November 8, 2001; Michael Moran, "Cashing In on September 11," MSNBC News, July 9, 2002.

③Adolf A. Berle and Gardiner C. Means, *The Modern Corporation and Private Property* (New York: Harcourt, Brace & World, 1968), 14-17.

④有關民營化的範疇以及一些例子，參見 David Bollier, *Public Assets, Private Profits: Reclaiming the American Commons in an Age of Market Enclosure* (Washington, D.C.: New America Foundation, 2001); Reason Public Policy Institute, *Privatization 2002: Putting the Pieces Together, 16th Annual Report on Privatization* (Los Angeles: Reason Public Policy Institute, 2002); Pamela Winston, Andrew Burwick, Sheena McConnell, and

Richard Roper, "Privatization of Welfare Services: A Review of the Literature," Washington D.C., Mathematica Policy Research Inc., 2002; Alex Tysbine, *Water Privatization: A Broken Promise* (Washington, D.C.: Public Citizen, 2001); *Government for Sale: An Examination of the Contracting Out of State and Local Government Services* (Washington, D.C.: American Federation of State, County and Municipal Employees, AFL-CIO, 2002); Mark Cassell, *How Governments Privatize: The Politics of Divestment in the United States and Germany* (Washington, D.C.: Georgetown University Press, 2002); Maude Barlow and Tony Clarke, *Blue Gold: The Fight to Stop the Corporate Theft of the World's Water* (New York: New Press, 2003); Vandana Shiva, *Water Wars: Privatization, Pollution, and Profit* (Boston: South End Press, 2002); R. Mokhiber and R. Weissman, "Smithsonian for Sale?," *Multinational Monitor*, November 19, 1997; Robert Kuttner, *Everything for Sale: The Virtues and Limits of Markets* (New York: Alfred A. Knopf, 1997); Allison Campbell, Andrew Coyle, and Rodney Neufeld, eds., *Capitalist Punishment: Prison Privatization and Human Rights* (Atlanta: Clarity Press, 2003); Brian Forst and Peter K.

Manning, *The Privatization of Policing: Two Views* (Washington, D.C.: Georgetown University Press, 1999).

⑤Interviews with Milton Friedman, William Niskanen, and Michael Walker.

⑥Interview with Michael T. Moe. See also, Maude Barlow and Heather Jane-Robertson, *Class Warfare: The Assault on Canada's Schools* (Toronto: Key Porter Books, 1994).

⑦Interviews with Michael T. Moe and Milton Friedman.根據另1位接受訪問的艾迪生的財務人員預估，未來十年以後的擴展很可能維持1〇%以上，甚至到達三〇%。

⑧Interviews with Benno Schmidt and Michael T. Moe.

⑨Michael Scherer, "Schools: Some of Bush's Largest Donors Stand to Profit from Privatizing Public Education," March 5, 2001, available at www.motherlones.com/web_exclusives/special_reports /mojo_400/schools.html (under Web Exclusives).

⑩Gary Miron and Brooks Applegate, *An Evaluation of Student Achievement in Edison Schools Opened in 1995 and 1996* (Kalamazoo, Mich.: Evaluation Center, Western Michigan University, December 2001), as cited in Gerald Bracey, "The Market in Theory

Meets the Market in Practice: The Case of Edison Schools," Education Policy Research Unit, College of Education, Arizona State University, February 2002.

⑪Wyatt Edward, "Challenges and the Possibility of Profit for Edison," *The New York Times*, January 1,2001, cited in Bracey, "The Market in Theory."

⑫Doug Sanders, "For-Profit US Schools Sell Off Their Textbooks," *The Globe and Mail* (Toronto), October 30, 2002, Al.

⑬Interview with Jeffrey Fromm.

⑭Interview with Milton Friedman.幹練、專業而以公衆爲念的公務員不但可能存在，而且對民主的運轉至爲重要，相關探討參見 Ezra N. Suleiman, *Dismantling Democratic States* (Princeton, N.J.: Princeton University Press, 2003).

⑮For further examples, see Karen Bakker, David Cameron, and Adele Hurley, "Don't Tap into the Private Sector," *The Globe and Mail* (Toronto), February 6, 2003, Al7; Linda McQuaig, *All You Can Eat: Greed, Lust and the New Capitalism* (Toronto: Penguin Books, 2001); Elliott D. Sclar, *You Don't Always Get What You Pay For: The Economics of Privatization* (Ithaca, N.Y.: Cornell University Press, 2001); P. W. Singer, *Corporate Warriors: The Rise of the Privatized Military Industry* (Ithaca, N.Y.: Cornell University Press, 2003); Gerald W. Bracey, *The War Against America's Public Schools: Privatizing Schools, Commercializing Education* (Boston: Pearson Allyn & Bacon, 2001), and *What You Should Know About the War Against America's Public Schools* (Boston: Allyn & Bacon, 2002); Brenda Cossman and Judy Fudge, eds. *Privatization, Law, and the Challenge to Feminism* (Toronto: University of Toronto Press, 2002); Martha Minow, *Partners, Not Rivals: Privatization and the Public Good* (Boston: Beacon Press, 2002).

⑯Interview with Raffi.

⑰Interview with Lucy Hughes.

⑱Ibid.

⑲Ibid.

⑳Ibid.

㉑Kia News Release, "Kia Partners with The Lord of the Rings: New Line Entertainment

Taps Kia as Exclusive Automotive Partner," June 4, 2002, available at www.kia.com/060402.shtml.

㉒T.L. Stanley, "Kiddie Cars," *Brandweek* 36 (October 23, 1995).

㉓"Profile—Kid You Not: Discussion with Julie Halpin," available at www.reveries.com/reverb/kids_marketing/halpin.

㉔Interview with Lucy Hughes.

㉕Official Policy Statement from the American Academy of Pediatrics, February 1995, available at www.aap.org/policy/00656.html.

㉖The former chair and CEO of Prism Communications, Elliot Ettenberg, quoted in Ontario Secondary School Teachers' Federation, "Commercialization in Our Schools," (2001), available at www.osstf, on.ca.

㉗Interviews with Lucy Hughes and Raffi.

㉘As cited in John P. Murray Kansas, "Children and Television Violence," *Journal of Law & Public Policy* 4 (1995): 7-14.

㉙Interview with Dr. Susan Linn. Television advertisement for Frito-Lay chips.

㉚Interview with Dr. Susan Linn.

㉛As quoted in Nic Rowan, "TV Junk Food Ads Spur Kids' Obesity—Group," *Reuters Health*, August 6, 2002, available at www.reutershealth.com.

㉜Editorial, "Selling to—and Selling Out—Children," *The Lancet* 360, September 28, 2002, 959.

㉝Sonya Schroeder of the Geppetto Group, "Discussions—What Makes a Brand 'Cool' for Kids?," available at www. reveries.com/reverb/revolver/geppetto/.

㉞Statement to my research assistant, Dawn Brett, May 2003.

㉟Quoted in John Heinzl, "Health Group Aims to Fry Kids' Junk Food Ads," *Globe and Mail* (Toronto), January 24, 2003, B7.

㊱速食業的說詞值得批評之處，在於刻意淡化廣告創造對不健康食物需求的角色。不過它們堅稱其他因素也會創造需求，倒也有幾分道理。其中一項因素就是家長的社會與經濟壓力。過度勞累的父母——以單親、貧窮、工作超時或有兩份工作者爲多——忙

了一天之後沒有時間好好準備晚餐或找到適當用餐地點，於是廉價快速與方便取得的食物往往就成爲唯一的選擇，而無法顧及是否有益健康。

㊲Interview with Chris Hooper.

㊳Interview with Steve Kline.

㊴Ibid.

㊵樂高有一項名爲「認眞的遊戲」(Serious Play) 的程式，可用於研習中。近期一則廣告宣稱：「這項創新的研習向領導者與高階經理人引介制定與實施企業策略的觀念。拿起樂高積木，親自感受即時策略如何將策略規畫轉換爲策略思考。即時策略是將策略思考納入貴公司的最有效方式。透過三度空間模型、比喩與說故事，參與者可學習如何表達複雜的理念並成功地將其付諸行動。」參見 *The Globe and Mail* (Toronto), September 12, 2002, A10.

㊶Interviews with Steve Kline and Dr. Susan Linn.

㊷For an overview, see: Alex Molnar and Joseph A. Reaves, *Buy Me! Buy Me! The Fourth Annual Report on Trends in Schoolhouse Commercialism: Year 2000-2001*, Education

Policy Studies Laboratory, Arizona State University, 2002; Maude Barlow and Jane-Robertson, *Class Warfare; Consumers Union, Captive Kids: A Report on Commercial Pressures on Kids at School* (Yonkers, N.Y.: Consumer Education Services, 1995).

㊸Cited in Barlow and Jane-Robertson, *Class Warfare*, 84.

㊹Cited in David Shenk, "Tomorrow's Classroom Today," *Spy Magazine*, July-August, 1994, 22. I cite these examples in Joel Bakan, "Beyond Censorship: An Essay on Free Speech and Law," in *Interpreting Censorship in Canada*, ed. Klaus Petersen and Allan C. Hutchinson (Toronto: University of Toronto Press, 1999), 86.

㊺This is a modified version of a paragraph from Joel Bakan, "Beyond Censorship." The study mentioned is Bradley S. Greenberg and Jeffrey E. Brend, "Television News and Advertising in Schools: The 'Channel One' Controversy," *Journal of Communications*, 43 (1993): 143-151.

㊻This is a modified version of a paragraph from Joel Bakan, "Beyond Censorship." Both quotes were originally cited in David Shrek, "Tomorrow's Classroom Today," 22.

㊼這個招牌的照片出現於以下這本書的封面··Herbert Schiller, *Culture Inc.: The Corporate Takeover of Public Expression* (New York: Oxford University Press, 1989).我在拙著 *Just Words: Constitutional Rights and Social Wrongs* (Toronto: University of Toronto Press, 1997), 68 中也曾提及此一案例，並認爲公共空間遭私有化入侵，已經影響到言論自由的權利。參見 Jerold S. Kayden, New York City Department of City Planning, and the Municipal Art Society of New York, *Privately Owned Public Space: The New York City Experience* (New York: John Wiley and Sons, 2000).

㊽This paragraph is a modified version of one that appears in Joel Bakan, "Beyond Censorship."

㊾Jeffrey Hopkins, "Excavating Toronto's Underground Streets: In Search of Equitable Rights, Rules and Revenue," in *City Lives and City Forms*, ed. John Caulfield and Linda Peake (Toronto: University of Toronto Press, 1996), 63.

㊿This paragraph is a modified version of one that appears in Joel Bakan, "Beyond Censorship."

⑤¹Hopkins, “Excavating Toronto’s Underground Streets.”

⑤²See citylitesusa.com.

⑤³Hopkins, “Excavating Toronto’s Underground Streets,” 70-71.

⑤⁴See Joel Bakan, “Beyond Censorship,” and Joel Bakan, *Just Words. As Schiller states in Culture Inc*., p. 100.「只要私人物業所有人依法可以決定哪些活動能在他們的商場中進行，那麼表達公衆意見場所的範圍就縮小了一大片。」

⑤⁵This paragraph is a modified version of one that appears in Joel Bakan, “Beyond Censorship.” See also Margaret Crawford, “The World in a Shopping Mall,” in *Variations on a Theme Park*, ed. Michael Sorkin (New York: Noonday Press, 1992), 27, and Mike Davis, “Fortress Los Angeles: The Militarization of Urban Space,” in *Variations on a Theme Park*, 169.

⑤⁶This paragraph is a modified version of one that appears in Joel Bakan, “Beyond Censorship.” The quote is originally from Mary Massaron Ross, Larry Smith, and Robert Pritt, “The Zoning Process: Private Land-Use Controls and Gated Communities: The Impact of

Private Property Rights Legislation, and Other Recent Developments in the Law, *Urban Lawyer*, vol. 28, 1996, 801-17; pp. 802-803.

㊼Interview with Jonathon Ressler.

㊽Ibid.

㊾Ibid.

㊿Interview with Michael Moe.

(61)Interview with Noam Chomsky.

(62)Ibid.

(63)Interview with Mark Kingwell.

(64)Interview with Chris Barrett and Luke McCabe.

(65)Ibid.

(66)Ibid.

(67)Ibid.

(68)Ibid.

⑲Ibid.

⑳Molnar and Reaves, *Buy Me! Buy Me!*

6 該拿公司怎麼辦？

①Special Report: "Global Capitalism—Can It Be Made to Work Better?," *Business Week*, November 6, 2000, 74-75.孟克也曾在一次訪談中指出：「反全球化抗議人士所提出的課題很有道理，如果我們坐視不理，可能會帶來危險。」

②就連傅利曼在一次訪談中也憂心我們社會的富有與貧窮兩個階級：「你無法維持眞正的民主，因爲貧窮階級可能起而摧毀這個制度。」

③Interview with Ira Jackson.

④Interview with Joe Badaracco.

⑤Kunal Basu, Henry Mintzberg, and Robert Simons, "Memo to: CEOs," reprinted in *Fast Company* 59 (June 2002): 117.

⑥Interview with Ira Jackson.

⑦Interviews with Chris Komisarjevsky and Hank McKinnell. Speeches by Sir John Browne, "The Case for Social Responsibility" ("monster"); "Century of Choice" ("win back"), available at www.bp.com.

⑧Robert Monks, *The Emperor's Nightingale: Restoring the Integrity of the Corporation in the Age of Shareholder Activism* (New York: Perseus Publishing, 1998), 183-184.孟克在一次訪談中指出，公司變得不負責任，因爲「所有權的原子產生分裂，使得所有人成爲一組人，而經理人又變成另一組人，忽然之間，沒有人該對社會負責。」

⑨Monks, *The Emperor's Nightingale*, 163 ("same"), 171 ("safe").

⑩Interview with Robert Monks ("effective").

⑪Interview with Elaine Bernard.

⑫Interviews with Ira Jackson, Charles Kernaghan, and Debora Spar.

⑬Interview with Robert Monks.

⑭Interview with Debora Spar.公司往往不說明自己眞正的行爲，只提出一些正面的行爲準則與大衆分享，大談員工該如何受到尊重，或是環境該如何受到照顧。克納罕認爲

公司的自願行爲守則是終極的人權民營化，一條死路。

⑮Interview with Charles Kernaghan.

⑯Interview with Simon Billenness.

⑰*Louis K. Liggett Co. et al. v. Lee, Comptroller et al.*, 288 US 517 (1933) 567, 548 (“evils”).

⑱Interview with Milton Friedman.哈佛的柏納德在一次訪談中指出，解除管制只不過把成本由公司移轉給個人與社會。她說：「工廠排放污染就是節省支出。爲什麼？因爲它使用的是比較差的技術。它使用了不必付錢的資源，同時讓整個社會負擔廢棄物的成本。所以公司的帳簿看起來很好，但社會的帳簿則有嚴重的赤字……我認爲今天的公司正在把一大堆成本外部化到社會，無論是讓員工超時工作而身心俱疲，或是在他們工作一段時間後就掃地出門，支付他們偏低的薪資，或是進入一個社區後，爭取到各項補助，然後又離開，搞得當地的情況比從前更糟。這些作法都是將成本外部化，由公司所在的社區來承擔。」

⑲Quoted in Editorial, The Sunday Herald(Scotland), August 26, 2001.

⑳Interview with Naomi Klein.

㉑Interview with Noam Chomsky.

㉒事實上，管制體系可謂先天不良。回溯歷史，管制是在企業爭取自由的意願以及更激進的改革呼聲之間所得到的折衷，也獲得許多企業精英的支持。哈佛的柏納德指出：「這不像勞工運動，由改革者提出管制的主張，提出強制徵收，提出打破財富與權力的過度集中。而是由企業回過頭來提出管制方案。它們自己說願意接受管制。因此管制乃是公司面對輿論大加撻伐它們不負責任而令人無法容忍的權力所作出的回應。」

㉓Interview with Noam Chomsky.

㉔Daniel Yergin and Joseph Stanislaw. *The Commanding Heights: The Battle for the World Economy* (Touchstone/Simon & Schuster, 1998), 417.

㉕Morton J. Horwitz, “Santa Clara Revisited: The Development of Corporate Theory,” in *Corporations and Society: Power and Responsibility, ed*. Warren Samuels and Arthur Miller (New York: Greenwood Press, 1987), 51.

㉖Note, *Columbia Law Review* 35 (1935): 1090, 1091-1092, as cited in Sunstein, The Partial Constitution, 52-53.

㉗Robert Hale, *American Bar Association Journal* 8 (1922): 638, as cited in Sunstein, *The Partial Constitution*, 51.

㉘As cited in Sunstein, *The Partial Constitution*, 58.

㉙Interviews with Smith Windsor and Richard Geisenberger.

㉚Spitzer made the statement in November 1999 as part of his election campaign platform. See Geov Parrish, "Killing Corporations," *Seattle Weekly*, July 15-21, 1999.

㉛As quoted in Russell Mokhiber, "The Death Penalty for Corporations Comes of Age," *Business Ethics* 12, November-December 1998, available at www.corpwatch.org/issues/PID.jsp?articleid = 1810.

㉜Charlie Cray, "Chartering a New Course: Revoking Corporations' Right to Exist," *Multinational Monitor* 23, October-November 2002, available at multinationalmonitor.org.

㉝Interview with Richard Geisenberger.

㉞Cray, "Chartering a New Course."

㉟Interviews with Vandana Shiva and Joe Badaracco.

㊱Title 39, U.S. Code, as adopted in the Postal Reorganization Act.不過郵局是主張民營化者的目標之一。參見 Edward L. Hudgins, ed., *The Last Monopoly: Privatizing The Postal Service for the Information Age* (Washington, D.C.: Cato Institute, 1996), and Edward Hudgins, ed., *Mail at the Millennium: Will the Postal Service Go Private?* (Washington, D.C.: Cato Institute, 2001).

㊲加拿大最近禁止公司與工會對選舉的獻金，並聲明將以公費支應選舉。

㊳Interview with Oscar Olivera.

㊴Ibid.

㊵Ibid.

㊶Interview with Mark Kingwell.

㊷Interviews with Mae-Wan Ho and Vandana Shiva.

參考書目

Aharoni, Yair. *The Evolution and Management of State Owned Enterprises*. Melrose, Mass: Ballinger Publishing Company, 1986.

Archer, Jules. *The Plot to Seize the White House*. New York: Hawthorn Books, 1973.

Bagdikian, Ben H. *The Media Monopoly*, 6th ed. Boston: Beacon Press, 2000.

Bakan, Joel. "Beyond Censorship: An Essay on Free Speech and Law." In *Interpreting Censorship in Canada*, eds. Klaus Petersen and Allan C. Hutchinson. Toronto: University of Toronto Press, 1999.

Bakan, Joel. *Just Words: Constitutional Rights and Social Wrongs*. Toronto: University of

Toronto Press, 1997.

Bakan, Joel. “The Significance of the APEC Affair.” In *Pepper in Our Eyes: the APEC Affair*, ed. Wes Puc. Vancouver: University of British Columbia Press, 2000.

Balanyá, Belén, Ann Doherty, Olivier Hoedeman, Adam Ma’anit, and Erik Wesselius. *Europe Inc.: Regional and Global Restructuring and the Rise of Corporate Power*. London: Pluto Press, 2000.

Barlow, Maude, Tony Clarke. *Blue Gold: The Fight to Stop the Corporate Theft of the World’s Water*. New York: New Press, 2003.

Barlow, Maude, and Heather Jane-Robertson. *Class Warfare: The Assault on Canada’s Schools*. Toronto: Key Porter Books, 1994.

Basu, Kunal, Henry Mintzberg, and Robert Simons. “Memo to: CEOs.” Reprinted in *Fast Company* 59, April 2002, 117.

Beatty, Jack, ed. *Colossus: How the Corporation Changed America*. New York: Broadway Books, 2002.

Berle, Adolf A., and Means, Gardiner C. The Modern Corporation and *Private Property*. New York: Harcourt, Brace & World, 1968.

Black, Edwin. *IBM and the Holocaust: The Strategic Alliance Between Nazi Germany and America's Most Powerful Corporation*. New York: Crown Publishers, 2001.

Blair, Margaret. *Ownership and Control: Rethinking Corporate Governance for the Twenty-first Century*. Washington, D.C.: Brookings Institution Press, 1995.

Blair, Margaret M., and Lyan A. Stout. "Trust, Trustworthiness, and the Behavioral Foundations of Corporate Law." *University of Pennsylvania Law Review* 149 (2001), 1735-1810.

Blumberg, Phillip. *The Multinational Challenge to Corporation Law: The Search for a New Corporate Personality*. New York: Oxford University Press, 1993.

Bollier, David. *Public Assets, Private Profits: Reclaiming the American Commons in an Age of Market Enclosure*. Washington, D.C.: New America Foundation, 2001.

Bonsignore, J. *Law and Multinationals: An Introduction to Law and Political Economy*. Englewood Cliffs, N.J.: Prentice Hall, 1994.

Bowman, Scott. *The Modern Corporation and American Political Thought: Law, Power and Ideology*. University Park, Pa.: Pennsylvania State University Press, 1996.

Bracey, Gerald. "The Market in Theory Meets the Market in Practice: The Case of Edison Schools." Education Policy Research Unit, College of Education, Arizona State University, February 2002.

Bracey, Gerald W. *The War Against America's Public Schools: Privatizing Schools, Commercializing Education*. Boston: Allyn & Bacon, 2001.

Bracey, Gerald W. *What You Should Know About the War Against America's Public Schools*. Boston: Allyn & Bacon, 2002.

Brummer, James J. *Corporate Responsibility and Legitimacy: An Interdisciplinary Analysis*. New York: Greenwood Press, 1991.

Cadman, John W. *The Corporation in New Jersey*. Cambridge, Mass.: Harvard University Press, 1949.

Carswell, John. *The South Sea Bubble*. London: Cresset Press, 1960.

Cassels, Jamie. *The Uncertain Promise of Law: Lessons from Bhopal*. Toronto and London: University of Toronto Press, 1993.

Chandler, Afred D., Jr., ed. *The Railroads: The Nation's First Big Business*. New York: Harcourt, Brace & World, 1965.

Chappell, Tom. *The Soul of a Business: Managing for Profit and the Common Good*. New York: Bantam Books, 1993.

Clarkson, M. B., ed. *The Corporation and Its Stakeholders: Classic and Contemporary Readings*. Toronto: University of Toronto Press, 1998.

Clawson, Marion. *New Deal Planning: The National Resources Planning Board*. Baltimore: Johns Hopkins University Press, 1981.

Colclough, Christopher, and James Manor, eds. *States or Markets?: Neo-liberalism and the Development Policy Debate*. Oxford: Oxford University Press, 1995.

Colvin, E. "Corporate Personality and Criminal Liability," *Criminal Law Forum* 6 (1995), 1-44.

Cossman, Brenda, and Judy Fudge, eds. *Privatization, Law, and the Challenge to Feminism*. Toronto: University of Toronto Press, 2002.

Court, Jamie. *Corporateering: How Corporate Power Steals Your Personal Freedom... And What You Can Do About It*. New York: Tarcher/Putnam, 2003.

Crawford, Margaret. "The World in a Shopping Mall." In *Variations on a Theme Park*, ed. Michael Sorkin. New York: Noonday Press, 1992.

Cray, Charlie. "Chartering a New Course: Revoking Corporation's Right to Exist," *Multinational Monitor* 23, nos. 10 and 11, October-November 2002.

Crespi, Gregory Scott. "Rethinking Corporate Fiduciary Duties: The Inefficiency of the Shareholder Primacy Norm." *Southern Methodist Law Review* 55 (2002), 141-155.

Crooks, H. *Giants of Garbage: The Rise of the Global Waste Industry and the Politics of Pollution Control*. Toronto: Lorimer, 1993.

Curlo, E., and Strudler, A. "Cognitive Pathology and Moral Judgement in Managers." *Business Ethics Quarterly* 7 (October 1997), 4.

Damm, Kenneth W. *The GATT: Law and International Economic Organization*. Chicago: University of Chicago Press, 1970.

Davis, Mike. "Fortress Los Angeles: The Militarization of Urban Space." In *Variations on a Theme Park*, ed. Michael Sorkin. New York: Noonday Press, 1992.

Deetz, Stanley. *Democracy in an Age of Corporate Colonization: Developments in Communications and the Politics of Everyday Life*. Albany: State University of New York Press, 1992.

Derber, Charles. *Corporation Nation: How Corporations Are Taking over Our Lives and What We Can Do About It*. New York: Griffin Trade, 2000.

Derber, Charles. *People Before Profit: The New Globalization in an Age of Terror, Big Money and Economic Crisis*. New York: St. Martin's Press, 2002.

Dobbin, Murray. *The Myth of the Good Corporate Citizen: Democracy Under the Rule of Big Business*. Toronto: Stoddart, 1998.

Dodd, Edwin Merrick. *American Business Corporations Until 1860*. Cambridge, Mass.: Harvard University Press, 1954.

Dodd, Edwin Merrick. "For Whom Are Corporate Managers Trustees?" *Harvard Law Review* 45 (1932).

Downs, Alan. *Beyond the Looking Glass: Overcoming the Seductive Culture of Corporate Narcissism*. New York: Amacom, 1997.

Drucker, Peter F. *Concept of the Corporation*. New York: John Day, 1946.

Drucker, Peter F. *The New Society: The Anatomy of the Industrial Order*. New York: Harper & Brothers, 1950.

Easterbrook, F., and D. Fischel. "Limited Liability and the Corporation." *University of Chicago Law Review* 52 (1985).

Easterbrook, Frank H., and Daniel R. Fischel. "Antitrust Suits by Targets of Tender Offers." *Michigan Law Review* 80 (1982), 1177.

Enron, "Corporate Responsibility Annual Report," Houston, 2000.

Estes, Ralph. *Tyranny of the Bottom Line: Why Corporations Make Good People Do Bad*

Things. San Francisco: Berrett-Koehler, 1996.

Everling, Clark. *Social Economy: The Logic of Capitalist Development*. London: Routledge, 1997.

Feigenbaum, Harvey. *Shrinking the State: The Political Underpinnings of Privatization*. Cambridge, England: Cambridge University Press, November, 1998.

Fones-Wolf, Elizabeth A. *The Selling of Free Enterprise: The Business Assault on Labor and Liberalism 1945-1960*. Urbana: University of Illinois Press, 1994.

Fort, T. L. "Corporate Constituency Statutes: A Dialectical Interpretation." fifteen *Journal of Law and Commerce* 257 (1995).

Fox, D. R. "The Law Says Corporations Are Persons, But Psychology Knows Better." *Behavioural Sciences and the Law* 14 (Summer 1996), 339.

Frank, Thomas. *One Market Under God: Extreme Capitalism, Market Populism, and the End of Economic Democracy*. New York: Anchor Books, 2001.

Friedman, Milton. *Capitalism and Freedom*. Chicago: University of Chicago Press, 1982.

Friedman, Milton. "The Social Responsibility of Business Is to Increase Its Profits." *The New York Times Magazine*, September 13, 1979.

Friedman, Thomas L. *The Lexus and the Olive Tree*. New York: Farrar, Straus and Giroux, 2000.

Friedrichs, David. *Trusted Criminals: White Collar Crime in Contemporary Society*. Belmont, Calif.: Wadsworth Publishing Company, 1996.

Fudge, J., and H. J. Glasbeek. "A Challenge to the Inevitability of Globalization: Repositioning the State as the Terrain of Contest." In *Global Justice, Global Democracy*, ed. Jay Drydyk and Peter Penz. Winnipeg: Society for Socialist Studies/Fernwood, 1997.

Galambos, Louis. *The Public Image of Big Business in America, 1880-1940*. Baltimore: Johns Hopkins University Press, 1975.

Galbraith, John Kenneth. *The Affluent Society*. Boston: Houghton Mifflin, 1958.

Galbraith, John Kenneth. *American Capitalism: The Concept of Countervailing Power*. Boston: Houghton Mifflin, 1952.

Galbraith, J. K. *The Socially Concerned Today*. Toronto: University of Toronto Press, 1998.

Giddens, Anthony. *Runaway World: How Globalisation Is Reshaping Our Lives*. London: Profile Books, 1999.

Giddens, Anthony, and Will Hutton, eds. *On the Edge: Living with Global Capitalism*. London: Jonathan Cape, 2000.

Glasbeek, H. J. "The Corporate Social Responsibility Movement: The Latest in Maginot Lines to Save Capitalism." *Dalhousie Law Journal* 11 (1988).

Glasbeek, Harry. *Wealth by Stealth: Corporate Crime, Corporate Law, and the Perversion of Democracy*. Toronto: Between the Lines, 2002.

Glasbeek, H. J. "Why Corporate Deviance Is Not Treated as Corporate Crime: The Need to Make 'Profits' a Dirty Word." *Osgoode Hall Law Journal* 22 (1984).

Goldman, Robert, and Stephen Papson. *Sign Wars: The Cluttered Landscape of Advertising*. New York: Guilford Press, 1996.

Gray, John. *False Dawn: The Delusions of Global Capitalism*. London: Granta Books, 1998.

Gray, Rob. *Accounting for the Environment*. Princeton, N.J.: Markus Wiener Publishing, 1993.

Greenwood, D. "Fictional Shareholders: For Whom Are Corporate Managers Trustees?" *Southern California Law Review* 69 (1996).

Greider, William. *One World, Ready or Not: The Manic Logic of Global Capitalism*. New York: Simon & Schuster, 1997.

Greider, William. *Who Will Tell the People: The Betrayal of American Democracy*. New York: Simon & Schuster, 1992.

Hadden, Tom. *Company Law and Capitalism*. London: Weidenfeld and Nicolson, 1977.

Hardt, Michael, and Antonio Negri. *Empire*. Cambridge, Mass.: Harvard University Press, 2000.

Hawkins, Mary F. *Unshielded: The Human Cost of the Dalkon Shield*. Toronto: University of Toronto Press, 1997.

Hawkens, Paul. *The Ecology of Commerce*. New York: HarperCollins, 1993.

Heilbroner, Robert. *Twenty-first Century Capitalism*. New York: Norton, 1992.

Herman, Edward. *Corporate Control, Corporate Power*. Cambridge, England: Cambridge University Press, 1981.

Herman, Edward S., and Noam Chomsky. *Manufacturing Consent: The Political Economy of the Mass Media*. New York and Toronto: Pantheon Books/Random House, 1988.

Hertz, Noreena. *Silent Takeover: Global Capitalism and the Death of Democracy*. New York: Free Press, 2002.

Hicks, A. "Corporate Form: Questioning the Unsung Hero." *Journal of Business Law* (1997), 306.

Hinkley, Robert. "How Corporate Law Inhibits Social Responsibility." *Business Ethics*, January-February 2002.

Hirst, P., and G. Thompson. *Globalization in Question: The International Economy and the Possibilities of Governance*. Cambridge, Mass.: Blackwell, 1996.

Horwitz, Morton J. "Santa Clara Revisited: The Development of Corporate Theory." In

Corporations and Society: Power and Responsibility, eds. Warren Samuels and Arthur Miller. New York: Greenwood Press, 1987.

Horwitz, Morton J. *The Transformation of American Law, 1780-1860*. Cambridge, Mass.: Harvard University Press, 1977.

Hunt, B. C. *The Development of the Business Corporation in England, 1800-1867*. Cambridge, Mass.: Harvard University Press, 1936.

Hurst, J. W. *The Legitimacy of the Business Corporation in the Law of the United States, 1780-1970*. Charlottesville: University of Virginia, 1970.

Ireland, Paddy. "Capitalism Without the Capitalist: the Joint Stock Company Share and the Emergence of the Modern Doctrine of Separate Corporate Personality." *Journal of Legal History* 17 (1996), 63.

Ireland, P. "Corporate Governance, Stakeholding and the Company: Toward a Less Degenerate Capitalism?" *Journal of Law and Society* 23 (1996).

Ireland, P., I. Grigg-Spall, and D. Kelly. "The Conceptual Foundations of Modern Company

Law." *Journal of Law and Society* 14 (1987), 149.

Irwin, Douglas A. *Against the Tide: An Intellectual History of Free Trade*. Princeton, N.J.: Princeton University Press, 1996.

Jones, Barry J. *The World Turned Upside Down?: Globalization and the Future of the State*. Manchester, England.: Manchester University Press, 2000.

Karliner, Joshua. *The Corporate Planet: Ecology and Politics in the Age of Globalization*. San Francisco: Sierra Club Books, 1997.

Kayden, Jerold S., New York City Department of City Planning, Municipal Art Society of New York. *Privately Owned Public Space: The New York City Experience*. New York: John Wiley & Sons, 2000.

Kelly, Marjorie. *The Divine Right of Capital: Dethroning the Corporate Aristocracy*. San Francisco: Berrett-Koehler, 2001.

Keynes, John Maynard. "The End of Laissez-Faire." In *The Collected Writings of John Maynard Keynes, vol. 9: Essays in Persuasion*. London: Macmillan, 1972.

Keynes, John Maynard. *The General Theory of Employment, Interest and Money*. London: Macmillan, 1936.

Kingwell, Mark. *The World We Want: Virtue, Vice, and the Good Citizen*. Toronto: Viking, 2000.

Klein, Naomi. *No Logo: Taking Aim at the Brand Bullies*. Toronto: Knopf Canada, 2000.

Korten, David C. *The Post-Corporate World: Life After Capitalism*. San Francisco: Berrett-Koehler, 2000.

Korten, David C. *When Corporations Rule the World*, 2nd ed. San Francisco: Berrett-Koehler, 2001.

Krugman, Paul. *The Accidental Theorist and Other Dispatches from the Dismal Science*. New York: Norton, 1998.

Kuttner, Robert. *Everything for Sale: The Virtues and Limits of Markets*. New York: Alfred A. Knopf, 1997.

MacIntyre, Alisdair. “Utilitarianism and Cost-Benefit Analysis: An Essay on the Relevance of Moral Philosophy to Bureaucratic Theory." In *Values in the Electric Power Industry*, ed. Kenneth Sayre. Notre Dame, Ind.: University of Notre Dame Press, 1977.

Maitra, Priyatash. *The Globalization of Capitalism in Third World Countries*. Westport, Conn.: Praeger, 1996.

Mander, J. "The Myth of the Corporate Conscience." *Business and Society Review* 81 (Spring 1992), 56.

Mander, Jerry, and Edward Goldsmith, eds. *The Case Against the Global Economy*. San Francisco: Sierra Club Books, 1996.

Manning, Peter K., and Brian Forst. *The Privatization of Policing: Two Views*. Washington, D.C.: Georgetown University Press, 1999.

Marchand, Roland. *Creating the Corporate Soul: The Rise of Public Relations and Corporate Imagery in American Big Business*. Berkeley: University of California Press, 1998.

Mark, Gregory A. "The Personification of the Business Corporation in American Law." *University of Chicago Law Review* 54 (1987), 1441-1483.

McOuaid, Kim, "Young, Swope and General Electric's 'New Capitalism': A Study in Corporate Liberalism, 1920-33." *American Journal of Economics and Sociology* 36 (1977), 323.

McQuaig, Linda. *The Cult of Impotence: Selling the Myth of Powerlessness in the Global Economy*. Toronto: Viking, 1998.

Meiksins Wood, *Ellen. Empire of Capital*. New York: Verso, 2003.

Minda, G. "Democratic Pluralism in the Era of Downsizing." *California Western Law Review* 33 (Spring 1997), 179.

Minow, Martha. *Partners, Not Rivals: Privatization and the Public Good*. Boston: Beacon Press, 2002.

Mintz, Morton, and Jerry Cohen. *America, Inc.: Who Owns and Operates the United States?* New York: Dial Press, 1971.

Mitchell, Lawrence E. "Cooperation and Constraint in the Modern Corporation: An Inquiry into the Causes of Corporate Morality." *Texas Law Review* 73, (1995), 477-537.

Mitchell, Lawrence E. *Corporate Irresponsibility: America's Newest Export*. New Haven,

Conn.: Yale University Press, 2002.

Mitchell, Neil J. *The Conspicuous Corporation: Business, Public Policy, and Representative Democracy*. Ann Arbor: University of Michigan Press, 1997.

Mokhiber, Russell. "The Death Penalty for Corporations Comes of Age." *Business Ethics*, November 1, 1998.

Mokhiber, Russell, and Robert Weissman. *Corporate Predators: The Hunt for Mega-Profits and the Attack on Democracy*. Monroe, Maine: Common Courage Press, 1999.

Molnar, Alex, and Joseph A. Reaves. "Buy Me! Buy Me! The Fourth Annual Report on Trends in Schoolhouse Commercialism: Year 2000-2001." Education Policy Studies Laboratory, Arizona State University.

Monks, Robert. *The Emperor's Nightingale: Restoring the Integrity of the Corporation in the Age of Shareholder Activism*. Reading, Mass.: Addison-Wesley, 1998.

Moore, Michael. *Downsize This! Random Threats from an Unarmed American*. New York: Crown Publishers, 1996.

Moore, Michael. *Stupid White Men... and Other Sorry Excuses for the State of the Nation!* New York: ReganBooks, 2002.

Muller, Jerry Z. *Adam Smith in His Time and Ours: Designing the Decent Society*. New York: Free Press, 1993.

Murray, Andrew. *Off the Rails: Britain's Great Railway Crisis*. London: Verso Books, 2001.

Nader, Ralph. *Cutting Corporate Welfare*. New York: Seven Stories Press, 2000.

Nader, Ralph. *Crashing the Party: How to Tell the Truth and Still Run for President*. New York: St. Martin's Press, 2002.

Neufeld, Rodney, Allison Campbell, and Andrew Coyle, eds. *Capitalist Punishment: Prison Privatization and Human Rights*. Atlanta: Clarity Press, 2003.

Ohmae, Kenichi. *The End of the Nation State: The Rise of Regional Economies*. New York: Free Press, 1995.

Palast, Greg. *The Best Democracy Money Can Buy: An Investigative Reporter Exposes the Truth About Globalization, Corporate Cons, and High Finance Fraudsters*. London:

Pluto Press, 2002.

Palmer, Bryan D. *Capitalism Comes to the Backcountry: The Goodyear Invasion of Napanee*. Toronto: Between the Lines, 1994.

Pearce, Frank, and Laureen Snider. "Regulating Capitalism." In *Corporate Crime: Contemporary Debates*, ed. F. Pearce and L. Snider. Toronto: University of Toronto Press, 1995.

Pearce, Frank, and S. Tombs. *Toxic Capitalism: Corporate Crime and the Chemical Industry*. Toronto: Canadian Scholars' Press, 1999.

Picketing, Murray A. "Company as a Separate Legal Entity." *Modern Law Review* 31 (1968).

Public Citizen. "Blind Faith: How Deregulation and Enron's Influence over Government Looted Billions from Americans." Washington, D.C., December 2001.

Ramanadam, V. V., ed. *Privatization and Equity*. London: Routledge, 1995.

Reason Public Policy Institute. *Privatization 2002: Putting the Pieces Together, 16th Annual Report on Privatization*. Los Angeles: Reason Public Policy Institute, 2002.

Rebick, Judy. *Imagine Democracy*. Toronto: Stoddart, 2000.

Rifkin, Jeremy: *The Age of Access: The New Culture of Hypercapitalism Where All of Life Is a Paid-for Experience*. New York: Tarcher/Putnam, 2000.

Rodengen, Jeffrey L. *The Legend of Goodyear: The First 100 Years*. Fort Lauderdale, Fla.: Write Stuff Syndicate, 1997.

Rodrik, Dani. *Has Globalization Gone Too Far*? Washington, D.C.: Institute of International Economics, 1997.

Romano, Roberta, ed., *Foundations of Corporate Law*. New York: Oxford University Press, 1993.

Rosenberg, Hilary. *A Traitor to His Class: Robert A. G. Monks and the Battle to Change Corporate America*. New York: John Wiley and Sons, 1999.

Rosoff, S. M., H. N. Pontell, and R. Tillman. *Profit Without Honor: White-Collar Crime and the Looting of America*. New Jersey: Prentice Hall, 1998.

Ross, Andrew, ed. *No Sweat: Fashion, Free Trade and the Rights of Garment Workers*.

New York: Verso, 1997.

Roy, William G. *Socializing Capital: The Rise of the Large Industrial Corporations in America*. Princeton, N.J.: Princeton University Press, 1997.

Sassen, Saskia. *Globalization and Its Discontents: Essays on the New Mobility of People and Money*. New York: New Press, 1998.

Sassen, Saskia. *Losing Control?: Sovereignty in an Age of Globalization*. New York: Columbia University Press, 1996.

Savan, Leslie. *The Sponsored Life: Ads, TV, and American Culture*. Philadelphia: Temple University Press, 1994.

Schiller, Herbert. *Culture Inc.: The Corporate Takeover of Public Expression*. New York: Oxford University Press, 1989.

Schlesinger, Arthur M., Jr. *The Coming of the New Deal*. Boston: Houghton Mifflin, 1958.

Schlosser, Eric. *Fast Food Nation*. Boston: Houghton Mifflin, 2001.

Sclar, Elliott D. *You Don't Always Get What You Pay For: The Economics of Privatization*.

Ithaca, N.Y.: Cornell University Press, 2001.

Scott, Walter. *The Waverley Novels: The Bethrothed, vol. 19*. Philadelphia: John Morris & Co, 1892.

Seavoy, Ronald E. *The Origins of the American Business Corporation, 1784-1855: Broadening the Concept of Public Service During Industrialization*. Westport, Conn.: Greenwood Press, 1982.

Sennett, Richard. *The Corrosion of Character: The Personal Consequences of Work in the New Capitalism*. New York: Norton, 1998.

Shiva, Vandana. *Water Wars: Privatization, Pollution, and Profit*. Boston: South End Press, 2002.

Shorris, Earl, ed. *A Nation of Salesmen: The Tyranny of the Market and the Subversion of Culture*. New York: Avon Books, 1994.

Simon, David R. *Elite Deviance*, 7th ed. Boston: Allyn & Bacon, 2001.

Simpson, Sally S. *Corporate Crime, Law, and Social Control*. Cambridge, England: Cambridge University Press, 2002.

Singer, P. W. *Corporate Warriors: The Rise of the Privatized Military Industry*. Ithaca, N. Y.: Cornell University Press, 2003.

Smith, Adam. *The Wealth of Nations*. New York: Modern Library, 1994.

Smith, D. Gordon. "The Shareholder Primacy Norm." *The Journal of Corporation Law* 23 (1998), 277.

Smith, Toby M. *The Myth of Green Marketing: Tending Our Goats at the Edge of Apocalypse*. Toronto: University of Toronto Press, 1998.

Smith, Thomas A. "The Efficient Norm for Corporate Law: A Neo-traditional Interpretation of Fiduciary Duty." *Michigan Law Review* 98 (1999-2000), 214-268.

Snell, Bradford C. "American Ground Transport: A Proposal for Restructuring the Automobile, Truck, BUS and Rail Industries." Report presented to the Committee of the Judiciary, Subcommittee on Antitrust and Monopoly, United States Senate, February 26, 1974. Washington, D.C.: U.S. Government Printing Office, 1974.

Soros, George. *George Soros on Globalization*. New York: Public Affairs Books, 2002.

Stiglitz, Joseph. *Globalization and Its Discontents*. New York: W. W. Norton, 2002.

Stuart, D., "Punishing Corporate Criminals with Restraint." *Criminal Law Forum* 6 (1995), 219.

Suleiman, Ezra N. *Dismantling Democratic States*: Princeton, N.J.: Princeton University Press, 2003.

Sunstein, Cass. *The Partial Constitution*. Cambridge, Mass.: Harvard University Press, 1993.

Swope, Gerard. *The Swope Plan: Details, Criticisms, Analysis*. New York: Business Bourse, 1931.

Symposium, "Is the Good Corporation Dead?" *Business and Society Review* 87 (Fall 1993), 9.

Tabb, William K. *The Amoral Elephant: Globalization and the Struggle for Social Justice in the Twenty-First Century*. New York: Monthly Review Press, 2001.

Tedlow, Richard S. *Giants of Enterprise: Seven Business Innovators and the Empires They*

Built. New York: HarperCollins, 2001.

Teeple, Gary. *Globalization and the Decline of Social Reform: Into the Twenty-First Century*. Aurora, Ont.: Garamond Press, 2000.

Testy, Kellye Y. "Linking Progressive Corporate Law with Progressive Social Movements." *Tulane Law Review* 76 (2002), 1227-1252.

Tonelson, Alan. *The Race to the Bottom: Why a Worldwide Worker Surplus and Uncontrolled Free Trade Are Sinking American Living Standards*. Boulder, Colo.: Westview Press, 2000.

Tysbine, Alex. *Water Privatization: A Broken Promise*. Washington, D.C.: Public Citizen, 2001.

Useem, Michael. *The Inner Circle: Large Corporations and the Rise of Business Political Activity in the US and UK*. New York: Oxford University Press, 1984.

Vogel, David. *Kindred Strangers: The Uneasy Relationship Between Politics and Business in America*. Princeton, N.J.: Princeton University Press, 1996.

Wallach, Lori, and Michelle Sforza. *The WTO: Five Years of Reasons to Resist Corporate Globalization*. New York: Seven Stories Press, 2000.

Weaver, Paul H. *The Suicidal Corporation*. New York: Simon & Schuster, 1988.

Weiss, Barbara. *The Hell of the English: Bankruptcy and the Victorian Novel*. Lewisburg, Pa.: Bucknell University Press, 1986.

Welling, Bruce. *Corporate Law in Canada*, 2nd. ed. Toronto: Butterworths, 1991.

Wells, Celia. *Corporations and Criminal Responsibility*, 2nd. ed. Oxford: Oxford University Press, 1993.

Wolff, M. "On the Nature of Legal Persons." *Law Quarterly Review* 54 (1938).

Yergin, Daniel, and Joseph Stanislaw. *The Commanding Heights: The Battle for the World Economy*. New York: Simon & Schuster, 1998.

Zunz, Olivier. *Making America Corporate*, 1870-1920. Chicago: University of Chicago Press, 1990.

國家圖書館出版品預行編目資料

企業的性格與命運／巴肯 (Joel Bakan) 著；
李明譯.-- 初版-- 臺北市：大塊文化，2004 [民 93]
面：　公分.-- (From ; 25)
譯自：The Corporation:
The Pathological Pursuit of Profit and Power
ISBN 986-7600-85-1(平裝)

1. 企業 2. 企業倫理

553.716　　93020554

LOCUS

LOCUS

LOCUS

LOCUS